Schriften des deutschen Vereins

für

Armenpflege und Wohltätigkeit.

Neunundachtzigstes Heft.

Helene Simon, Die Schulspeisung.

Leipzig,
Verlag von Duncker & Humblot.
1909.

Die Schulspeisung.

Von

Helene Simon.

Leipzig,
Verlag von Duncker & Humblot.
1909.

Alle Rechte vorbehalten.

Inhaltsverzeichnis.

	Seite
Einleitung: Die Pionierarbeit des Deutschen Vereins für Armenpflege und Wohltätigkeit	1

Erster Teil.
Allgemeines.

1. Das Wesen der Schulspeisung . . . . 2—5
   Begriffsbestimmung. Die Schulspeisung und die Bekleidungs- und Wohnungsfrage. Schulspeisung und Familienunterstützung. Schulspeisung und Schulzwang. Der fakultative Charakter der Schulspeisung.
2. Die Ursachen der Nahrungsnot der Schüler . . . . 5—14
   Die Armut. Armenunterstützte Familien. Der Lohnarbeiterstand. Heimarbeit und Kinderarbeitgesetz. Die Unglücksfälle im Leben der vermögenslosen Lohnarbeiter. Steuerfreie Familien. Die Frau als alleinige Ernährerin. Schuldhaftes Verhalten der Eltern. Unkenntnis der Mütter. Englische Tischzeit. Außerhäusliche Erwerbsarbeit der Mütter. Weite Schulwege.
3. Grundformen der Abhilfe . . . . 14—16
   Freie und entgeltliche Speisung. Armenpflege oder Schulpflege. Art und Zeit der Speisung.

Zweiter Teil.
Die Gestaltung der Schulspeisung in Deutschland.

1. Geschichte . . . . 17—22
   Beginn der Schulspeisung. Erste Periode von 1874 bis zu Cunos Erhebung im Jahre 1896. Die Resolution des Deutschen Vereins für Armenpflege und Wohltätigkeit. Zweite Periode von 1896 bis zur Erhebung der Zentralstelle für Volkswohlfahrt im Jahre 1907/08.
2. Der derzeitige Stand der Schulspeisung . . . . 22—28
   Zahl der Städte mit Speiseeinrichtungen. Die Träger der Kosten. Art der Mahlzeiten: erstes und zweites Frühstück, Mittagkost. Die Verteilung der Speiseeinrichtungen nach den Bundesstaaten. Feststellung der Bedürftigkeit. Ort der Speisung. Beaufsichtigung. Dauer der Speisung. Zusammensetzung der Speisen. Preis der

Portionen. Gesamtkosten. Die Aufwendungen in einzelnen Städten; ihre Ungleichmäßigkeit. Bezahlte Portionen. Nährwerte. Städtische Angaben über die Ursachen der mangelnden häuslichen Speisung. Zahlenmäßige Entwicklung von 1896—1908.

3. **Städtische Organisationsformen** . . . . 28—38
   München. Stuttgart. Mannheim. Berlin. Charlottenburg.
4. **Die Unzulänglichkeit der heutigen Schulspeisung** . . . . . 38—48
   Zahl der Städte ohne Speiseeinrichtungen. Frühstücklose Schüler im Winter und Sommer. Art des häuslichen Frühstücks. Schüler ohne warme Mittagkost im Winter und Sommer. Zweites Frühstück. Ursachen des mangelnden häuslichen Frühstücks. Ursachen der fehlenden warmen Mittagkost. Die Minderwertigkeit der häuslichen Ernährung. Die Steigerung der Lebensmittelpreise. Die Vereinstätigkeit in einzelnen Städten: Hamburg, Karlsruhe, Cöln, Königsberg. Die Landflucht. Die Schülernahrungsnot auf dem Lande.
5. **Der allgemeine Ernährungszustand und die Schulspeisung** 49—52
   Schwierigkeit der Feststellung von Nahrungsnot. Schlecht genährte Schüler. Günstiger Einfluß der Schulspeisung. Ergebnis der Entwicklung seit 1896.

Dritter Teil.
Das Ausland.

Amerika. Frankreich. England. Schottland. Die Schweiz. Ein- 53—66
zelnes aus anderen Staaten: Wien. Rom. Mailand. Vercelli.
Dänemark. Norwegen. Schweden. Belgien. Allgemeines.

Vierter Teil.

1. **Die Beseitigung der Schülernahrungsnot** . . . . 67—76
   Deutschland und England. Die elterliche Verantwortung in England und Frankreich. Die Gefahren der Schülernahrungsnot in Deutschland. Kinderhortsystem und Schulspeisung. Veranschlagung der Kosten eines Ausbaus der Schulspeisung. Elterliche Begehrlichkeit und öffentliche Speisung. Die allgemeine Lebenshaltung und die Existenzminima der Armenbehörden. Die Rubnerschen Leitsätze. Neue Wege der Abhilfe: die Aufgaben der Gemeinden. Die gesetzliche Regelung der Schulspeisung.
2. **Leitsätze** . . . . 77—78

Anhang . . . . 79—93
   Instruction für die mit der Beaufsichtigung und Beschäftigung der Schüler über Mittags betrauten Lehrer (Lehrerinnen) an den Volksschulen Münchens. — Direktiven für die Behandlung der unentgeltlichen Suppenabgabe an arme Schulkinder (aus dem Jahre 1879). — I. Fragebogen. — II. Fragebogen. — Bestimmungen für die Frühstücksabgabe in den Volksschulen zu Stuttgart. — Verzeichnis der Frühstücksabgabestellen nach dem Stand auf 1. Oktober 1907.

Einleitung.

Auf weiten Strecken der öffentlichen Jugendfürsorge waren Armenpflege und Wohltätigkeit bahnbrechend. Sie leisteten erste Hilfe, wiesen gangbare Wege, bis sie ihre Eingriffsmöglichkeiten erschöpft sahen und die Erkenntnis reifte, daß die Lösung des Problems jenseits ihrer Aufgaben lag.

In diesem Sinne haben Armenpflege und Wohltätigkeit für den Jugendunterricht gewirkt, ehe der Staat das Elementarschulwesen zu seiner Sache machte. Dann nahmen sie sich der schwächlichen und bedürftigen Volksschüler an, gründeten Ferienkolonien, suchten für Kleidung und Speisung zu sorgen. Schon vor anderthalb Jahrzehnten hat der Deutsche Verein für Armenpflege und Wohltätigkeit der Schulspeisung ernste Prüfung und Förderung gewidmet. Von ihm ging der Ruf aus: bedürftige Schüler aus unterrichtlichen Gründen zu speisen.

Deshalb ist es bedeutungsvoll, daß der Verein die seitherige Behandlung des Problems und ihre Ergebnisse aufs neue untersuchen will, in unbefangener Würdigung aller verschiedenen Strömungen, die einen so schmalen Wegrain zwischen Schule und Familie naturgemäß umspielen.

Aus Theorie und Praxis sollen sich die Leitsätze für die Fortbildung der Schulspeisung gestalten.

Erster Teil.
Allgemeines.

1. Das Wesen der Schulspeisung.

Begriffsbestimmung. Schulspeisung ist die außerhäusliche Versorgung schulpflichtiger Kinder mit den Mahlzeiten, die sie im Elternhaus überhaupt nicht oder nicht in dem Maße und in der Weise erhalten, die sie befähigt, aus dem Unterricht den vollen Nutzen zu ziehen.

Bleibt die elementarste Nährbedinguug unerfüllt, so fällt der Lehrstoff auf Brachland. Hieraus wesentlich erklärt sich der verhältnismäßig geringe Erfolg unseres kostspieligen Elementarunterrichts. Bringt es doch die Masse des Volkes nach siebenjährigem Schulbesuch nicht soweit, die eigene Sprache richtig zu sprechen oder zu schreiben.

Die Schulspeisung ist somit eine Fürsorge, die von unterrichtlichen Rücksichten ausgeht und deren Anordnung unterrichtliche Gründe bestimmen. In Betracht kommen die Mahlzeiten, die gleich vor die Schulstunden oder dazwischen fallen: erstes und zweites Frühstück, sowie Mittagkost.

Die Schulspeisung und die Bekleidungs- und Wohnungsfrage. Die Schulspeisung unterscheidet sich von anderen Arten der Wohlfartpflege in ihrer Beziehung zur Schule nach zwei Richtungen. Einmal ist sie die elementarste Bedingung des Schulerfolgs, die Erfüllung des untersten Rechtsanspruchs, der aus den Pflichten des Schülers hervorgeht. Zweitens ist sie eine fortlaufende, an bestimmte Stunden täglich gebundene Fürsorge, die sich innerhalb unserer Familien- und Schulverfassung durchführen läßt.

Niemand wird behaupten, daß ungenügende Bekleidung oder Wohnungsnot ebenso unmittelbar lähmen als ein leerer Magen, daß auf irgend eine andere Weise eine so unmittelbar erfrischende Wirkung und Neubelebung des Organismus erzielt werden kann, als durch bekömmliche Speisung.

Bezüglich der Durchführung handelt es sich bei der Bekleidung um eine nur gelegentliche Unterstützung, deren Gewährung mit dem täglichen Schuldienst nicht notwendig zusammenfällt und sich dem Schulrahmen nicht gut eingliedern läßt.

Völlig jenseits der Eingriffsmöglichkeiten der Volksschule sind Wohnungs- bezw. Schlafverhältnisse. Wohl können Lehrer und Schulärzte hier belehrend und aufklärend wirken. Alle entscheidende und allgemeine Abhilfe liegt jedoch außerhalb der Schule und ist Sache der Wohnungsreform. Als Schulangelegenheit ließe sich die Beherbergung nur behandeln im Sinne der Überweisung bedürftiger Schüler, analog den verwaisten und verwahrlosten Kindern, in Anstalts- oder Familienpflege. So schließt das schottische Schulgesetz von 1908 es in die Befugnisse der Schulbehörden ein, nicht nur die Speisung, sondern auch Bekleidung und Unterbringung notleidender Schüler zu veranlassen[1]. Wollte dagegen das Schulhaus sich selbst solcher Kinder annehmen, so wäre die grundsätzlich und praktisch entscheidende Umwandlung der Volksschulen in Internate oder wenigstens in ein Nebeneinander von Volksschulinternaten und Externaten erforderlich.

Dagegen läßt sich die Schulspeisung als Versorgung bedürftiger Schüler mit den unmittelbar vor und zwischen dem Unterricht liegenden Mahlzeiten dem Rahmen der Schule eingliedern, **bei voller Wahrung ihrer heutigen Verfassung, bei voller Wahrung der elterlichen Unterhaltpflicht und der Familienerziehung und unter Anerkennung der Speisung als einer ihrer Natur nach häuslichen Obliegenheit.**

Schulspeisung und Familienunterstützung. Fraglos bleibt noch die bestgeleitete Schulspeisung nur ein Behelf gegenüber einer Volkslebenshaltung, die alle arbeitswilligen und pflichttreuen Eltern befähigen würde, ihren Kindern gute häusliche Verpflegung zu gewähren. Die öffentliche Fürsorge könnte sich dann auf die obligatorische Unterbringung verwahrloster Kinder, unter materieller Haftbarmachung oder Bestrafung der Eltern, beschränken. Mit der Erfüllung dieses Ideals würde die Schulspeisung sich selbst aufheben. Ihm streben Versicherungswesen, Tarifzwang, Wohnungs- und Heimarbeitreform, die gesamte Wohlfahrtpflege zu. Allein der Aufstieg ist ein unendlich langsamer und bewegt sich im Zickzack mit mehr oder minder heftigen Rückgängen. Die Vertröstung auf die Hebung des Familienniveaus hieße deshalb den Schulgewinn weiterer Generationen beeinträchtigen. Vielmehr ist die Schulspeisung selbst eine der Formen der Wohlfahrtpflege zur Hebung des zukünftigen Familienniveaus.

Ließe sich aber nicht im Interesse des Familienlebens die **Speiseportion dem Schüler ins Haus liefern oder ein entsprechendes Schülerpflegegeld ansetzen?**

Bei dieser Frage drängt sich der tiefwurzelnde Unterschied zwischen der öffentlichen Obsorge für noch nicht schulpflichtige und schulpflichtige Kinder auf. Die ersten gehören dem Elternhaus ungeteilt. Ihre Unterstützung läßt sich, sei es als unmittelbarer Mutter- oder Säuglingsschutz, sei es in Form von Pflegegeldern, von der Mutter nicht trennen. Erst die Schule entzieht das Kind dieser engsten Gemeinschaft. Erst von dem Augenblick an, wo der Staat es einberuft, ihm Pflichten auferlegt, kann

---

[1] Education (Scotland) Act, 1908. [8 Edw. 7. Ch. 63.]

er auch die daraus erwachsenden Ansprüche unabhängig von der Familie, innerhalb der Schule und Schulzeit erfüllen[1]. Ja, er ist im Interesse seiner Lehranstalten dazu genötigt. Denn bei einer zum Zwecke der Schülerspeisung gegebenen häuslichen Unterstützung, sei es in Natur oder als Pflegegeld, fehlt jede Gewähr, daß sie dem Schüler zugute kommt[2]; auch erscheint seine Sonderspeisung innerhalb der Familie als unpädagogisch.

Allein abgesehen von der Unsicherheit und dem zweifelhaften sittlichen Wert häuslicher Schülerspeisungen sind sie vielfach aus rein äußerlichen Gründen unmöglich. So in den zahlreichen Fällen, wo es sich nicht um eigentliche Armut handelt, sondern um weite Schulwege, um außerhäusliche Tätigkeit der Mutter oder um Mahlzeitverschiebungen, die durch den elterlichen Erwerb bedingt sind. Wo Vater oder Mutter oder beide auswärts arbeiten, richtet sich die Speisezeit nicht nach den Schülern, sondern nach den Eltern, wird die Hauptmahlzeit auf den Abend verlegt. Gerade das Schulkind bleibt häufig über Mittag allein und treibt sich aufsichtslos umher, während die kleinen Geschwister bei Verwandten, Nachbarn oder in Bewahranstalten Unterschlupf finden.

Die Schulspeisung als individualisierend schulpflegerisches Element der Fürsorge läßt sich somit heute ebensowenig ausschalten, weil es besser wäre, die Lebenshaltung der gesamten Familie zu heben, als man die Armenpflege abschaffen kann, weil es besser wäre, daß jeder in die Lage versetzt würde, sich selbst zu helfen.

Schulspeisung und Schulzwang. Die Schulspeisung wird also in absehbarer Zeit als notwendige Begleiterscheinung des Volksschulzwangs gelten müssen. Das heißt indes nicht, daß dem Schulzwang ein Speisezwang entspreche. Zwar fehlt es nicht an Stimmen für die allgemeine obligatorische Schulspeisung, deren praktische und volksbürgerlich erziehliche Werte zu bedenken sind.

Allein auf dem Boden der heutigen Gesellschaft, ihrer Familien- und Schulverfassung, sind Unterricht und Speisung grundsätzlich verschiedene Aufgaben. Das gesamte Unterrichtswesen ist zur öffentlichen Angelegenheit geworden. Dagegen ist die Ernährung der Kinder Recht und Pflicht der Familie. In einem geordneten Bürgerhaushalt wird man die Schüler

---

[1] „Zunächst wird durch den allgemeinen Schulzwang jedes Kind ganz anders der Beurteilung ausgesetzt, so daß Fälle besonderer körperlicher oder geistiger Verwahrlosung durch die Lehrer bemerkt und wo nötig den zuständigen Schul-, Polizei- und Armenbehörden mitgeteilt werden." Münsterberg, Art. Kinderfürsorge, Hwtb. d. Staatsw., Bd. V, 2. Aufl.

[2] Hervorgehoben ist dieser Gesichtspunkt in den „Grundsätzen" für die Charlottenburger Schulspeisung: „Erhalten Kinder armer Eltern lediglich infolge deren Bedürftigkeit kein ausreichendes Mittagessen, so ist in der Regel der Ausschluß von der Speisung unter Erhöhung der etwa gewährten öffentlichen Armenunterstützung nicht in Aussicht zu nehmen, sondern die Kinder sind zu speisen, da die Gewährung der ausreichenden Verpflegung in Natur, unmittelbar an die Kinder, der immerhin unbestimmten Aussicht auf Verbesserung der häuslichen Nahrung vorzuziehen ist." Stadtrat Seydel, Die Mittagspeisung von Schulkindern in Charlottenburg. Amtl. Nachrichten der Charlottenburger Armenverwaltung, Nr. 13, Februar 1900.

bei den gemeinsamen Mahlzeiten ungern missen, ungern sie bis zum Nachmittag fremder Aufsicht überantworten. Nur wo die Familie versagt, treten Staat und Gemeinde ergänzend und helfend ein. Es kann sich deshalb logischerweise nicht um einen allgemeinen Speisezwang, analog dem Unterricht, handeln. Zwang kommt nur da in Frage, wo ungenügende Ernährung der Schüler die Lernkraft hemmt.

Der fakultative Charakter der Schulspeisung. Sofern nicht das Interesse des Unterrichts zum Eingriff in die Elternrechte und Pflichten nötigt, erscheint der fakultative Charakter der Schulspeisung durch die Natur dieser Fürsorge bedingt.

2. Die Ursachen der Nahrungsnot der Schüler.

Trotz des grundsätzlich fakultativen Charakters der Schulspeisung machen die Verhältnisse sie in weitem Umfang zum Zwang. Die Ursachen sind vielfältiger Natur und zeigen, wie wir später sehen werden, zum Teil auch eine gewisse Zwiespältigkeit. Sie sind verschieden nach Lebenslage, Erwerbtätigkeit und Charakter der Eltern, nach örtlichen und zeitlichen Umständen.

Die Armut. Unter den Ursachen der Schülernahrungsnot steht an oberster Stelle und unabhängig von Ort und Zeit die Armut. Schlechthin ist anzunehmen, daß armenunterstützte Familien nicht in der Lage sind, ihre Kinder gemäß den durch die Schulansprüche erhöhten Forderungen der Hygiene zu nähren, Gehalt und Zusammensetzung der Speisen dem körperlichen und geistigen Wachstum anzupassen. Auch die hauswirtschaftliche Belehrung versagt, wo Schmalhans Küchenmeister ist, die billigsten Surrogate gesunde Nahrungsmittel ersetzen müssen. Grundsatz der Armenpflege ist und muß (wenigstens in ihrer gegenwärtigen Gestalt) sein, nur den notdürftigen Unterhalt zu gewähren. Auch die Pflegegelder, etwa 6 bis 8 Mk. monatlich pro Kind, können nicht viel darüber hinausgehen.

Armenunterstützte Familien. Daher wird die Schulspeisung in der Regel die Kinder armenunterstützter Eltern einbegreifen müssen. Sie bilden schon jetzt einen erheblichen Teil der aus öffentlichen Mitteln oder durch freie Liebestätigkeit gespeisten Schüler. Ihre Zahl würde sich aber bei Ausdehnung der Schulspeisung auf alle Schüler aus armenunterstützten Familien fraglos stark erhöhen.

Nach „der einzigen einheitlichen Reichsermittlung von 1885" kamen auf ganz Deutschland 3,40% armenunterstützter Personen[1]. In dem als **günstig** bezeichneten Jahre 1906 waren in Berlin 2,41% von 2 064 677 Einwohnern armenunterstützt; in Hamburg 2,38% von 812 833; in Cöln 1,3% von 440 400; in Mannheim 1,24% von 84 736[2]. Schon hieraus ergibt sich die Notwendigkeit einer systematischen Behandlung der Schulspeisung, die nicht dem Geradewohl überlassen werden kann[2].

---

[1] Münsterberg, Hdw. d. St., Armenstatistik, 3. Aufl., Bd. I.
[2] Derselbe, Das Armenwesen. Die Weltwirtschaft, 3. Jahrg., 1. Teil, Berlin 1908.

Der Lohnarbeiterstand. Unter den Begriff arm oder bedürftig fällt aber keineswegs nur der Teil der Bevölkerung, der schon zur Abhängigkeit von fremder Hilfe herabgesunken ist. Vielmehr müssen als arm ganze Schichten vermögensloser Lohnarbeiter gelten, die den Lebensunterhalt von ihrer Hände Arbeit bestreiten und vor jeder Form der Armenunterstützung zurückschrecken.

Heimarbeit- und Kinderarbeitgesetz. Drückende Not lastet auf zahlreichen Heimarbeiterfamilien, bei voller Arbeitfähigkeit, äußerstem Fleiß beider Eltern und unter Zuhilfenahme der Kinder, die gegen das gesetzliche Verbot bis in die Nachtstunden beschäftigt werden.

„Ohne die Beihilfe der Kinder erscheint in sehr vielen Familien der ohnehin kärgliche Nahrungsstand noch weiter gefährdet[1]." So und ähnlich lauten die alljährlichen Berichte über die Durchführung des Kinderarbeitgesetzes von 1903, das sehr enge Beziehungen zur Frage der Schulspeisung hat. Eine Errungenschaft der deutschen Lehrer, ward es geboren aus der Erkenntnis, daß die durch Erwerbarbeit abgematteten Kinder von der Schule nicht gefördert werden konnten, für die Schule ein Ballast waren.

Was aber ergab sich bei der Durchführung des Gesetzes? Die Not, der nackte Mangel stellte sich ihr hindernd in den Weg. Die Berichte aus Bayern, Württemberg, Hessen, Sachsen, Elsaß-Lothringen bringen hierzu ein in seiner schmucklosen Tatsächlichkeit erschütterndes Beweismaterial. Namentlich aus Landdistrikten hören wir von einer Ernährung, die zur Hauptsache aus schlechtem Kaffee, trockenem Brot und Kartoffeln besteht. Auch der Alkohol spielt seine Rolle als früher Züchter von Gewohnheitssäufern. Dagegen fehlen Milch und Fleisch, nahrhafte Suppen und Gemüse.

In der Denkschrift über die Heimarbeit in Bayern[2] heißt es aus Oberfranken:

„Die Ernährungsverhältnisse (der mit Perleinfädeln beschäftigten Kinder) beschränken sich auf das Notwendigste. Die Kartoffeln bilden die Hauptnahrung ... Die Kinder im Alter von 8 bis 13 Jahren zeigen meist ein bleiches ... Aussehen und sind in der körperlichen Entwicklung zurückgeblieben."

Dasselbe gilt für die oberfränkischen Hausweber:

„Fleisch kann sich der Weber nur in besseren Verhältnissen ein- bis zweimal die Woche leisten und auch da nur etwa 1/2 Pfd. für die Gesamtfamilie."

Aus Württemberg[3]:

„Mit dem Verbot des Austragens von Backwaren 3/4 Std. vor Schulbeginn fällt für die Kinder das Frühstück weg, das sie in den Bäckereien erhielten. Da ihre Eltern sehr arm sind, kommen sie nun vielfach ohne Frühstück, mindestens aber schlechter versorgt als bisher, zur Schule." (1905.)

---

[1] Die Jahresberichte der kgl. bayerischen Fabriken- und Gewerbe-Inspektoren. Mit einer Denkschrift über die Heimarbeit in Bayern 1907.

[2] A. a. O.

[3] Jahresberichte der Gewerbeaufsichtsbeamten im Königreich Württemberg seit 1904.

2. Die Ursachen der Nahrungsnot der Schüler.

„Um armen Familien den geringen Verdienst nicht zu entziehen — die Kinder erhalten in der Regel Frühstück, einige Wecken und pro Woche 1 Mk. — wird (von seiten der Ortsvorsteher) stillschweigend über das Austragen von Waren weggegangen." (1906.)

„Solange die Sorge um den Lebensunterhalt die Eltern zwingt, ihre Kinder zu übermäßiger Arbeit anzuspornen, wird auch die gesetzwidrige Kinderarbeit nicht auszurotten sein, sondern nur den Augen der Behörden möglichst entzogen werden." (1907.)

Gerade von den bedürftigsten Müttern wird oft und oft versichert:

„wie gerne sie ihren Kindern mehr Freiheit gönnen würden, wenn sie nicht auf deren Verdienst, und wenn es nur 5 Pfg. täglich pro Kopf sei, zur Anschaffung des täglichen Brotes angewiesen wären." (1908.)

Aus Elsaß-Lothringen [1]:

„In mehreren Gemeinden des Kantons Saaralben mit hausindustrieller Strohflechterei arbeiten fast sämtliche Schulkinder (in einer Gemeinde 55 von 58) bis 10 und 11 Uhr, manchmal sogar bis Mitternacht. — Die Strohflechterei ist nicht mehr Nebenerwerb landwirtschaftlich tätiger Personen, da die Leute zu der anstrengenden Feldarbeit gar nicht mehr tauglich sind. — Die Ernährung (bei Tagesverdiensten, d. h. Arbeit von früh morgens bis 1 Uhr nachts, von 0,80 Mk. bis 2 Mk.) ist eine sehr schlechte, vielfach nur Brot und Schnaps, sowie Kaffee und Kartoffeln ... Die jungen Leute werden militäruntauglich, die Mädchen altern früh und sind fast sämtlich blutarm und brustkrank."

Ähnlich in anderen Erwerbszweigen. (1907.)

Aus Metz:

„Auf die Mahnung, daß die Kinder früh ins Bett gehören, kam häufig die Antwort: Wovon sollen wir denn leben, wenn die Kinder nicht mehr mitverdienen? ... Mit Strafanzeigen, die oft geradezu unbillig erscheinen müßten, kann gegen diese Übelstände nicht immer angekämpft werden. Auch Belehrung der wirklich bedürftigen Eltern ohne Besserung der materiellen Lage dürfte häufig wenig nützen."

Das sind amtliche Stimmen, die sich um Stichproben aus Preußen und Sachsen vermehren ließen. Allein nur die hessische Gewerbeaufsicht hat in ihren wertvollen Sonderberichten: „Das Kinderschutzgesetz im Großherzogtum Hessen", seit 1906, der Beziehung zwischen negativer und positiver Jugendfürsorge, Kinderarbeitverbot und Kinderpflege, nachgespürt:

„Die Erwägung, daß der Schutz, den das Gesetz den Kindern vor übermäßiger Arbeit gewährt, seine Ergänzung finden muß in der Fürsorge für diese, sowie die Überlegung, daß das Gesetz auch dort Arbeit und Verdienst wegnimmt, wo die wirtschaftliche Lage der Eltern die Kinderarbeit nahelegt, lenkt den Blick auf die mittelbare und unmittelbare Mitwirkung der Gemeinden am körperlichen und geistigen Wohl der Schüler." (1908.)

Die Frage der

„Ernährung der Schulkinder steht insofern in engem Zusammenhang mit dem Kinderschutzgesetz, als die Erfahrung gelehrt hat, daß mit der Kinderarbeit vor der Schule (Bröttchentragen) auch das von dem Arbeitgeber in vielen Fällen gelieferte warme Frühstück wegfällt, und auch der Ausfall des Kinderverdienstes das Budget der unbemittelten Familie, und damit auch die Ernährung der Kinder, nicht unerheblich beeinflußt." (Anhang 1908.)

---

[1] Jahresbericht der Gewerbe-Aufsichtsbeamten für Elsaß-Lothringen 1906 u. 1907.

Wie schon Regierungsrat Rick in Metz[1] bemerkt, ist unter den geschilderten Verhältnissen die bloße Belehrung fruchtlos. „Merkblätter über Nahrungsstoffe und zweckmäßige Ernährung" nutzen hier ebensowenig, als der Hinweis auf die Schädigung des Kindes durch Überanstrengung. Sagt man hingegen einer hart ringenden Mutter, die erklärt, daß die Mithilfe der Kinder unentbehrlich sei: die Kinder mußt du freigeben, aber sie werden dafür in der Schule gespeist, bis sich deine Lage bessert, dann läßt sich an diese Entlastung auch die Belehrung knüpfen, und in die Zukunft wirken. Man bedenke, daß es sich um ganz minimale Verdienste handelt, deren Ausfall oft schon ein Milchfrühstück, sicher Frühstück und Mittagbrot mehr als deckt. So kann die Schulspeisung die Durchführung des Kinderarbeitsgesetzes fördern und jeder Härte bar machen[2].

Die Unglücksfälle im Leben des vermögenslosen Lohnarbeiters. Mit den Schülern aus Volksschichten, die in chronischem Elend leben, sind die Anwärter auf die Schulspeisung nicht erschöpft. Auch in besser entlohnten Gewerben stürzen Kinderreichtum, Krankheiten oder sonstige Unglücksfälle, stürzen Konjunkturenwechsel und Arbeitslosigkeit leicht in Not, der zu begegnen etwaige Ersparnisse nicht ausreichen; es bleibt die Wahl, zu hungern oder in die Klasse der unterstützten Armen herabzusinken. Auf dieser Erkenntnis beruht unsere Arbeiterversicherung, die aber in ihrem heutigen Stadium einen ausreichenden Schutz gegen unverschuldete Verarmung nicht bietet. Nach Münchener Untersuchungen beträgt der Durchschnittsjahresverdienst eines gelernten Arbeiters 1291,50 Mk. und erreicht unter Mitarbeit der Ehefrau und Nebeneinnahmen, (Aftermiete, Kassenbezüge) rund 1650 Mk.[3]. Nach Ansicht von Dr. Else Conrad kann eine Familie mit drei, höchstens vier Kindern von dem obigen Verdienst allenfalls gesund und kulturwürdig leben, wenn die größte Sparsamkeit und Wirtschaftlichkeit waltet. Auch dann bringe jede längere Krankheit oder Arbeitslosigkeit des Mannes trotz der Kassenbezüge die Bilanz in Unordnung. Noch schwieriger werde die Wirtschaftführung bei steigender Kinderzahl, welche die schon übermäßig belastete Frau zum Miterwerb zwinge. — Hier handelt es sich um gelernte und organisierte Arbeiter. Weit ungünstiger liegen die Verhältnisse in den ungelernten, unorganisierten Schichten.

Steuerfreie Familien. Im allgemeinen werden für die Beteiligung an der Schulspeisung alle Schüler in Betracht kommen, deren Eltern keine Steuer zahlen, also ein Einkommen von unter 900 Mk. haben. Allein für Preußen belief sich 1907/08 die Zahl nichtsteuerpflichtiger

---

[1] Siehe oben Jahresb. d. G. A. f. Els.-Lothr. 1908.

[2] Gegenüber dem Einwand, daß es sich ja hier nicht nur um Schüler handle, sei bemerkt, daß die weitaus größte Zahl der erwerbtätigen Kinder im schulpflichtigen Alter steht und daß durch die Schülerspeisung die Portion der kleineren Geschwister reichlicher ausfallen kann. Für die bedürftigen, noch nicht schulpflichtigen Kinder muß gegebenenfalls von anderer Seite gesorgt werden.

[3] Lebensführung von 22 Arbeiterfamilien. München. Im Auftrag des statistischen Amtes der Stadt München dargestellt von Dr. Else Conrad, München 1909.

Personen auf 17 957 848 oder 47, 22% der Gesamtbevölkerung, einschließlich der Familienangehörigen[1].

Die Frau als alleinige Ernährerin. Dahin gehören großenteils Witwen und solche Frauen, die infolge von Krankheit oder Arbeitunfähigkeit ihrer Ehegatten, oder aus irgendwelchen anderen Gründen die alleinigen Ernährer der Familie sind.

Schuldhaftes Verhalten der Eltern. Nicht immer aber — und hieraus ergibt sich ein gewisser Zwiespalt — ist unverschuldete Armut die Ursache der Schülernahrungsnot. Eheverlassene Frauen, Frauen von Säufern und Arbeitscheuen, uneheliche Mütter, kurz alle die Fälle kommen noch in Betracht, wo die Väter ihren Verpflichtungen ausweichen. Man macht geltend, daß sie jede öffentliche Fürsorge als Gelegenheit zur Abwälzung ihrer Verantwortung bewillkommnen. Persönlich bin ich überzeugt, daß die außerhäusliche Naturalverpflegung auf solche Lumpen nicht den mindesten Einfluß hat. Ist ein Vater schlecht genug, seine Kinder (eheliche oder uneheliche) im Stich zu lassen, so tut er es mit und ohne Schulspeisung. Dagegen bietet seine Haftbarmachung für die aus öffentlichen Mitteln gewährte Fürsorge unter Umständen die Möglichkeit, ihm seine Vaterpflicht zu veranschaulichen.

Wo ein Verschulden der Mutter vorliegt, wo sie zu faul ist, um zeitig für Frühstück zu sorgen oder Hauswesen und Kinder überhaupt vernachlässigt, sollte man sie scharf vermahnen, sollte auch hier streng auf Zahlung des Kostenpreises der gewährten Portionen halten. Jeder Form der Pflichtvergessenheit gegenüber müßte die Schulspeiseverwaltung befugt sein, sowohl die Beteiligung notleidender Kinder an den Mahlzeiten gegen den Willen der Eltern vorzuschreiben, als auch den angesetzten Entgelt im Verwaltungszwangsverfahren einzutreiben, bezw. auf Grund der Ziffer 5 § 361 des Reichsstrafgesetzbuches Strafantrag zu stellen[2]. Analogien hierzu bieten die deutschen Landesgesetze über die Zwangserziehung[3], bieten deutlicher und einheitlicher noch die französchen und englischen Kindergesetze, die im Falle der Mißhandlung oder Verwahrlosung von Kindern eine

---

[1] Ich entnehme diese Zahlen Zeitungsberichten, die sich auf Parlamentsberichte: „Vergleichende Übersicht über die Ergebnisse der Veranlagung zur Einkommensteuer für 1907 und 1908" stützen.

[2] Mit Haft wird bestraft, wer sich dem Spiele, Trunke oder Müßiggange dergestalt hingibt, daß er in einen Zustand gerät, in welchem zu seinem Unterhalt oder zum Unterhalt derjenigen, zu deren Ernährung er verpflichtet ist, durch Vermittlung der Behörde fremde Hilfe in Anspruch genommen werden muß.

[3] Siehe § 16 des pr. Gesetzes vom 2. Juli 1900 über die Fürsorgeerziehung Minderjähriger und die Ausführungsbestimmungen. Anlage 3, X. Kosten: „Dagegen wird die Rückforderung der Kosten des Unterhalts der Zöglinge von den zu ihrem Unterhalt Verpflichteten, insbesondere von den Eltern, mit aller Strenge zu betreiben sein. Ist nach der Vermögenslage der Ersatzpflichtigen eine Beitreibung der vollen Kosten nicht angezeigt, so ist die Forderung auf einen Teil der Kosten zu ermäßigen; es muß aber Regel sein, einen wenn auch kleinen Teil der Kosten beizutragen, um bei dem zum Unterhalt Verpflichteten das Bewußtsein der Verantwortlichkeit für den Zögling aufrecht zu erhalten und ein frivoles Abschieben der Kinder zu verhindern."

Aberkennung der elterlichen Rechte vorsehen, unter voller Aufrechterhaltung der elterlichen Unterhaltpflicht [1].

Eine solche teilweise Aberkennung des elterlichen Bestimmungsrechtes über die Beköstigung der Schüler, bei Aufrechterhaltung der Unterhaltpflicht, müßte auch bei leichtsinnig veranlaßter Schülernahrungsnot stattfinden, die übrigens das englische „Kindergesetz" als Grausamkeit bestraft [2]. Die Schwierigkeiten werden geringer sein, als es beim ersten Blick scheinen mag; denn es sind der Fälle schuldhaften elterlichen Verhaltens nicht so viele, wie man häufig annimmt. Ziehen wir die Statistik der Armenpflege zum Vergleich heran, so fallen die meisten Notleidenden der öffentlichen Armenpflege wegen Krankheit anheim. „Nächst Krankheit, jedoch schon sichtbar geringer, treten als bedeutend der — nicht aus Unfall entspringende — Tod des Ernährers, Altersschwäche, sowie körperliche oder geistige Gebrechen hervor. Auf jede dieser Ursachen kommt über ein Zehntel der Gesamtheit der Unterstützten. Von einiger Bedeutung ist auch noch große Kinderzahl, während Arbeitslosigkeit schon mehr zurücktritt und Trunk und Arbeitscheu nur schwach sich bemerkbar machen [3]."

Das Entscheidende in allen Fällen sind aber nicht die Eltern, sondern das Kind. Auch wenn sie nicht gerichtlich belangbar sind, darf es nicht hungern. „Mit oder ohne Schädigung der elterlichen Verantwortung", sagt ein englischer Konservativer, „für das Kind muß gesorgt werden". Diesem Gedanken entsprechen die Ausführungsbestimmungen zu dem französischen Kindergesetz von 1904:

„Das Interesse des Kindes hat uns Abweichungen von wichtigen gesellschaftlichen Grundsätzen geboten. Bei jeder Schwierigkeit, bei jedem zweifelhaften Falle (espèce douteuse) prüfe man, wo das Interesse des Kindes liegt, und die zu wählende Entscheidung wird sich ergeben [4]."

Unkenntnis der Mütter. Die Schuld, namentlich wo es sich um ungeeignete Schülerernährung handelt, trägt schließlich oft weniger mangelndes Pflichtgefühl, als die hauswirtschaftliche Untüchtigkeit der Mütter. Allzuviele Frauen gehen heute aus der Schule unmittelbar zur Erwerbtätigkeit über, heiraten, ohne jede Vorbereitung für häusliche Dienste und für den Mutterberuf. Hier kann Belehrung durch Merkblätter, können Mutterabende usw. nützlich sein. Mehr wird jedoch die Einwirkung auf das heranwachsende Geschlecht fruchten, zu der gerade die Schulspeisung beitragen kann. Im Charlottenburger Jugendheim helfen Knaben und

---

[1] Service des Enfants Assistés. Texte des Lois des 27 et 28 juin, 1904. 4°. L'enfant dont les parents ont été déclarés déchus de la puissance paternelle, en vertu du titre Ier de la loi du 24 juillet 1889 (enfant maltraité, enfant delaissé ou moralement abandonné). Children Act, 1908.

[2] Children Act. Part II § 12. Das englische Gesetz gibt in dieser Richtung auch der „Nationalen Gesellschaft zur Verhinderung von Grausamkeit" weite Vollmacht: sie hat das Recht der Strafverfolgung und kann Eltern, die ihre Kinder hungern lassen, ins Gefängnis bringen.

[3] Münsterberg, Armenwesen, Armenstatistik, a. a. O.; vgl. auch die dort mitgeteilten Prozentsätze.

[4] Service des Enfants Assistés. Texte des Lois des 27 et 28 juin 1904, accompagnés des Circulaires relatives à leur application, Circulaire du 15 juillet 1904, p. 19, Paris.

2. Die Ursachen der Nahrungsnot der Schüler.

Mädchen beim Kochen, Aufdecken, Abtragen und Spülen; eine Freude, sie bei der Arbeit zu sehen. — Die Mädchen, erzählt Pfarrer Weiß von der Schulspeisung in Steinkirchen a./b. Ilm, erlernen Reinlichkeit und das Kochen einfacher gesunder Gerichte spielend. Hierzulande können die wenigsten Mütter auch nur einen Pfannkuchen oder eine Omelette machen — — deren Bereitung alle Mädchen des 7. Schuljahres erlernten. Während eines Unwohlseins der Leiterin der Suppenanstalt lieferte ein 13 1/2 jähriges Mädchen, das 1/4 Jahr zweimal wöchentlich beim Kochen geholfen hatte, die Suppe für 130 Schüler ohne Beistand in völlig entsprechender Weise[1].

Englische Tischzeit. Bis hierher haben wir die Verhältnisse geprüft, in denen Bedürftigkeit, schuldhaftes Verhalten der Eltern oder Unkenntnis der Mütter die Ursache der Schülernahrungsnot waren. Es bleibt die Berücksichtigung der äußeren Umstände, welche die Schulspeisung wünschenswert oder notwendig machen.

Dahin gehören die Fälle, wo mit Rücksicht auf den außerhalb tätigen Mann die warme Hauptmahlzeit auf den Abend verlegt wird, die sogenannte englische Tischzeit, die für den Schüler mindestens irrationell ist.

Außerhäusliche Erwerbsarbeit der Mutter. Entscheidend aber wirkt die, wie die deutsche Gewerbeaufsicht schon im Jahre 1899 festgestellt hat[2], fast immer durch Notstände erzwungene außerhäusliche Erwerbsarbeit der Mutter. Sei es, daß sie am frühen Morgen Backwaren oder Zeitungen austrägt und die Frühstückbereitung hintansteht; sei es, daß sie als Fabrikarbeiterin, Putz- oder Waschfrau tagüber fortbleibt und den Kindern bestenfalls ein kaltes Mittagbrot zurückläßt. Angesichts der starken Zunahme der weiblichen Erwerbtätigkeit wird es immer wichtiger, namentlich den außerhäuslich beschäftigten Müttern, die für den Lebensunterhalt arbeiten müssen, eine teilweise Abwälzung häuslicher Pflichten zu ermöglichen. Stieg die Zahl der Industriearbeiterinnen in den 13 Jahren: 1882—1895 von 1 126 976 auf 1 521 118, so in dem Zeitraum bis 1907 sogar auf 2 103 924. In 12 Jahren, allein in der Industrie, ein Mehr von 582 806 Frauen, die ihren Hauptberuf im Erwerb sehen. Die Zahl der in Fabriken und auf Bergwerken über Tag beschäftigten Ehefrauen betrug schon 1899 über 230 000[3]. Auch hier werden die noch nicht veröffentlichten Einzelergebnisse der Berufszählung von 1907 wahrscheinlich eine der allgemeinen Zunahme der Arbeiterinnen entsprechende Steigerung zeigen.

Die Mehrzahl der Berufsarbeiterinnen wird die Schulspeisung gern bezahlen. Ihnen und ihren Kindern ist um so besser geholfen, als man, wie in München, Charlottenburg und in den Pester Kinderhorten, mit der Speisung eine Beaufsichtigung bis zur abendlichen Rückkehr der Mutter verbindet.

---

[1] Weiß, Gründet Suppenanstalten auf christliche Charitas. Charitas, Nr. 2, 12. Jahrg.
[2] Die Beschäftigung verheirateter Frauen in Fabriken, Berlin 1901.
[3] A. a. O.

Weite Schulwege. Als eine der Ursachen der Schülernahrungsnot erscheinen schließlich weite Schulwege, die früh morgens schleunigen Aufbruch erfordern, sodaß die Kinder aus Übereilung und Nervosität das Frühstück oft im Stich lassen. Auch das Mittagbrot fällt häufig durch die verspätete Heimkehr aus; der Schüler erhält alsdann, wenn überhaupt, so meist erst am Abend eine warme Mahlzeit. Das gilt namentlich für das Land.

Schon 1889, bei den Verhandlungen der 10. Jahresversammlung des Vereins für Armenpflege und Wohltätigkeit in Kassel, sprach Regierungs- und Schulrat Dr. Falkenheimer auf Grund eigener Wahrnehmung von dem großen Elend so vieler armer Kinder auf dem Lande, die mittags das Essen entbehren, weil es ihnen bei den weiten Entfernungen nicht möglich sei, nach Hause zu gehen[1].

Auch Cuno verweist 1896 auf die unzureichende Ernährung der Landkinder und lenkt den Blick auf die Schweiz, wo bereits damals viele Kantone die Speisung den Organen der Schulpflege zur Pflicht gemacht hatten[2].

In einem Erlaß der königlichen Regierung zu Düsseldorf aus dem Jahre 1892 an die Herren Landräte und Oberbürgermeister des Regierungsbezirks heißt es:

„daß Mittagsspeisungen ein Bedürfnis an allen Landschulen des Bezirks seien, in denen viele Kinder einen so weiten Schulweg haben, daß sie mittags nicht wieder nach Hause zurückkehren können. Derartige Einrichtungen wären eine große Wohltat, die auch den Kindern nicht unbemittelter Eltern gegen einen angemessenen Beitrag zu den Kosten zugute kommen könnte[3]."

Hatten doch nach einer Erhebung von 1906 nicht weniger als 210 795 auf 11 348 preußische Volksschulen verteilte Kinder einen Schulweg von über 2,5 km.[4]. So in dichtbevölkerten und flachen Teilen des Reiches.

Viel bedenklicher ist die Sachlage zweifellos in dünnbesiedelten und gebirgigen Gegenden. An die Schweiz ward schon erinnert[5]. Zur weiteren Illustration der fast völlig unbekannten Schülernahrungsverhältnisse außerhalb der Städte diene ein Aufruf des Bundes der Deutschen Ostböhmens um freiwillige Geldspenden für die hungernden und frierenden Schulkinder des Adlergebirges aus dem Jahre 1900: In den langgedehnten Gebirgsdörfern müssen sie weite Strecken Wegs bis über eine Stunde zurücklegen. Ihr Frühstück besteht aus einer Wassersuppe oder aus Kaffee mit Brot. Da sie über Mittag in der Schule bleiben, erhalten sie ein Stück trockenen Brotes mit und müssen ohne etwas Warmes, oft bei Frost und Schnee zurück, um abends wieder dieselbe schmale und kraftlose Kost wie am Morgen zu erhalten. Die Bundesleitung unterhielt

---

[1] Schr. b. D. V. f. A. u. W., Heft 9, S. 82, Leizig 1890.
[2] Cuno, Fürsorge für arme Schulkinder, daselbst, Heft 26, Leipzig 1896.
[3] Siehe Kaup, Schulspeisung armer Kinder, Zentralstelle für Volkswohlfahrt, Berlin 1907.
[4] Angeführt bei Erismann, Ernährung und Kleidung dürftiger Schulkinder. Jahrb. der schweiz. Gesellschaft für Schulgesundheitspflege. I. Jahrg. 1908.
[5] Vgl. auch S. 59 ff. dieser Schrift.

während der strengsten Winterzeit 25 Suppenanstalten, die 46460 warme kräftige Suppenportionen an die ärmsten Schüler verabreichten. Der Schulbesuch stieg hierdurch um 70%. Aber noch weitere ebenso unterstützungsbedürftige Kreise bitten dringend um Ausdehnung der Suppenanstalten auf ihr Gebiet[1].

Indes auch in deutschen Landen fehlt es nicht ganz an ähnlicher Kunde und an Versuchen der Abhilfe. Ähnlich dem Erlaß der Regierung zu Düsseldorf verwies im März 1901 ein Rundschreiben der Verwaltung des Regierungsbezirks Schwaben und Neuburg alle Bezirksämter auf die Notwendigkeit der Speisung auswärtiger Schüler. Warme Suppen mit Einlagen sollten frei oder entgeltlich, durch die Lehrerfamilien oder Private, mit Unterstützung aus öffentlichen Mitteln, ausgeteilt werden[2].

Nach Pfarrer Weiß entbehren „auf dem platten Lande Tausende von oft nicht einmal armen Kindern, im Alter von 6—13 Jahren, eines warmen Mittagessens." In Bayern, speziell in Oberbayern mit seinen vielfach weitzerstreuten Weilern und Höfen hätten die meisten Landschulen eine große Zahl „auswärtiger Kinder". Trotz der gesetzlichen Bestimmungen über die Vermehrung der Schulen werde es dort immer einen großen Prozentsatz von Kindern geben, die ihren Mittagtisch nicht im Elternhause einnehmen könnten. In Neukirch an der Ilm fand Weiß bei Antritt seiner Pfarrei 190 Schüler, von denen 125 des weiten Schulweges halber (2—4 km) ungespeist blieben, nachdem sie oft schon die Morgensuppe im Stich gelassen hatten. In der einstündigen Mittagpause trieben sie sich aufsichtlos im Schulort umher oder blieben im Schulzimmer. Ihre Mittagkost bestand aus einem großen Stück Schwarzbrot, einer Nudel oder einem Küchel und zuweilen einem Apfel. Dazu trinken je 60 bis 70 Kinder aus einem großen Krug unterschiedlos Wasser. Der Unterricht dauert bis zwei Uhr, woran sich an einigen Tagen noch Handarbeitstunde für die Mädchen anschließt. Zu Hause finden einige Kinder etwas Aufgewärmtes; andere haben sogleich häusliche Arbeit zu leisten und erhalten erst zum kärglichen Abendtisch etwas Warmes. Dann aber sei der Appetit vielfach vergangen. „So haben diese Kinder während ihrer Entwicklungszeit durch sieben Jahre alljährlich sieben Monate an fünf Wochentagen in der rauhesten Jahreszeit zehn bis zwölf Stunden nur hartes Brot und kaltes Wasser." Infolge ähnlicher Zustände weise nach Aussage des früheren Bezirksarztes ein idyllisches Gebirgstal zwar hochgewachsene aber meist tuberkulöse und vielfach hysterische Einwohner auf[3].

In Tutzing in Bayern entstand unter freiwilliger Aufsicht der Lehrer eine Speisung im Gasthause, zufolge der Initiative einer Frau, die gegen-

---

[1] Aufruf an die Menschenfreunde für die hungernden und frierenden Schulkinder des Adlergebirges um Suppenanstalten und Kleidungstücke. Trautenau, Dez. 1900. Prager Tagblatt 9. 12. 1900. (Bibliothek der Zentralstelle für Armenpflege und Wohltätigkeit.)

[2] Kaup, a. a. O.

[3] Weiß, Gründet Suppenanstalten auf christliche Charitas. Charitas, Jahrg. 12, 1907.

über der Schule wohnte und die Kinder, die zu weite Wege für die Heimkehr hatten, alle Tage hungernd und frierend herumstehen sah[1].

Auch die Kinderarbeit, mit ihren schon erörterten Ursachen und Wirkungen, ist gerade in den hausindustriellen Landbezirken und Gebirgsgegenden heimisch. Aus den durch Armut und traurige Arbeiterverhältnisse bekannten Industriedörfern des Sonneberger Bezirks in Thüringen teilt Medizinalrat Leubuscher mit, daß die Schüler dort selten warmes Frühstück, oft aber Schnaps erhalten[2].

In jüngster Zeit hat man die vielbeklagte Unterernährung auf dem Lande häufig auf den Handel zurückgeführt, durch den die ländlichen Produkte, namentlich Vollmilch, Butter und Eier in die Stadt abwandern. So weisen die amtsärztlichen Berichte Bayerns wiederholt darauf hin, daß mit der Verbreitung der Molkereigenossenschaften eine Verschlechterung der Ernährung und damit der körperlichen Entwicklung der Landbevölkerung eingetreten sei. Auch Rubner schreibt dem immer intensiveren Nahrungsmittelhandel, besonders mit Milchprodukten nach den Städten und Orten mit lebhaftem Fremdenverkehr, die Verschlechterung des ländlichen Ernährungszustandes zu[3].

3. Grundformen der Abhilfe.

Freie und entgeltliche Speisung. Aus den verschiedenen Ursachen der Schülernahrungsnot ergeben sich als elementare Formen ihrer Beseitigung: die freie und die entgeltliche Speisung.

Freispeisung erscheint erforderlich, wo den Eltern die Mittel zum Unterhalt der Kinder überhaupt fehlen oder so knapp sind, daß oft die kindliche Erwerbsarbeit zur Beschaffung des Notwendigsten beitragen muß. Entgeltlichkeit ist zu befürworten, wo die rationelle Schulspeisung eine an sich ungeeignete oder nicht zu geeigneter Zeit erfolgende häusliche Beköstigung ersetzen soll; sie empfiehlt sich durchweg, wo allein äußere Umstände: Erwerbtätigkeit der Mutter, weite Schulwege, eine angemessene Ernährung verhindern.

Armenpflege oder Schulpflege. Gleichviel ob entgeltlich oder unentgeltlich, ist die Schulspeisung an eine ihrem Zweck entsprechende Ernährungsnorm gebunden. Diese durch Unterrichtgründe bestimmte Norm, die über das Unterhaltminimum der Armenpflege hinausgehen muß, macht die Schulspeisung zu einer von aller Familienunterstützung scharf abgegrenzten Aufgabe der Schulpflege. Die Frage, ob sie im gesetzlichen Sinne als Armenunterstützung gelten solle, hat schon die Praxis fast durchweg verneint. Jetzt hebt Ziffer 3 des neuen Gesetzes über „Einwirkung der Armenunterstützung auf öffentliche Rechte", vom 15. März 1909, deren Verlust auf, für alle Unterstützungen zum Zwecke der Jugendfürsorge und Erziehung.

---

[1] Abresch, Schulspeisungen in Bayern. Die Lehrerin in Schule und Haus. 24. Jahrg., Nr. 50, 1908.
[2] Kaup, Schulspeisung armer Kinder, Berlin 1907.
[3] M. Rubner, Volksernährungsfragen, Leipzig 1908.

Noch darüber hinaus sollte bei der Schulspeisung die Grenzlinie gezogen werden. Handelt es sich doch um eine Fürsorge zur Förderung weiter Volksschichten, die vor jeder Form und jedem Schein des Almosens zurückscheuen. Namentlich aber gilt es zu verhindern, daß der Schüler gegenüber seinen Klassengefährten mit dem Odium des Pauperismus belastet wird.

Aus diesem Grunde hat man vielfach die völlige Freispeisung befürwortet; es werde sonst eine Scheidewand zwischen entgeltlich und frei gespeisten Schülern aufgerichtet, welche die letzten in den Augen der besser gestellten Kinder herabsetze. Erfahrungsgemäß läßt sich indes jede merkbare Unterscheidung zwischen freien und bezahlten Portionen vermeiden. Dagegen erscheint die allgemeine Freispeisung aus den erörterten Gründen theoretisch und praktisch anfechtbar.

Art und Zeit der Speisung. Wird die Frage nach der freien oder entgeltlichen Speisung durch die Ursachen der Nahrungsnot entschieden, so hängen Art und Zeit der Mahlzeiten in erster Linie von den Schulverhältnissen ab. Fällt z. B. der ganze Unterricht auf den Vormittag, so kommt vom unmittelbaren Schulstandpunkt am wesentlichsten das Schulfrühstück in Betracht. In diesem Sinne hat sich Stuttgart für das städtische Schulfrühstück entschieden und die Mittagspeisung der Vereinstätigkeit belassen. Indes auch wenn die Schule mittags schließt, setzen sich ihre täglichen Ansprüche an den Schüler durch die Schulaufgaben fort. Will man mit der Speisung namentlich solcher Kinder, deren Mütter auswärts tätig sind, Arbeit und Spiel unter Aufsicht verbinden, so verstärken sich die Gründe für die Mittagmahlzeit, auch wenn kein Nachmittagsunterricht stattfindet.

Als oberste Notwendigkeit erscheint allerdings in allen Fällen, wo das Kind nüchtern zur Schule kommt, ein erstes Schulfrühstück. Das zweite Frühstück in der ersten Pause wird sich namentlich empfehlen für Kinder, die keines mitbringen, und deren häuslicher Morgenimbiß nur aus Brot oder einem minderwertigen Getränk bestand.

Solange indes bestimmte Grundsätze für die Ordnung der Schulspeisung fehlen, ein systematisches Vorgehen nicht beschlossen ist, wird diese Fürsorge oft gerade da, wo sie am nötigsten ist, ausbleiben oder an ungeeigneter Stelle erfolgen, werden über die Art der Ausführung häufig reine Zufälle entscheiden. In diesem Sinne trifft im wesentlichen Cunos vor 13 Jahren auf der Jahresversammlung des Vereins für Armenpflege und Wohltätigkeit gegebene Schilderung noch heute zu: „Die Einrichtung ist in Deutschland vielfach abhängig von Zufälligkeiten, von dem zufälligen Ausgangspunkt, den man bei der Einrichtung genommen hat. Infolgedessen sehen wir eine ganz verschiedenartige Ausgestaltung auch darin, je nachdem einzelne Personen, Vereine oder die Gemeinde diese Fürsorge in die Hand genommen haben[1]."

---

[1] Cuno, Fürsorge für arme Schulkinder durch Speisung. Schr. d. D. V. f. A. u. W. Heft 26, Leipzig 1896.

Allerdings sind Entwicklungstendenzen, die sich damals schon andeuteten, seither mehr in den Vordergrund getreten: die Teilnahme der Schulen und Gemeinden ist gewachsen; auch wo die Aufgabe der freien Liebestätigkeit verblieb, hat die städtische Beihilfe stark zugenommen.

Nach diesen allgemeinen Betrachtungen, die gleichsam den Rahmen bilden, dem sich die Schulspeisung einfügen soll, wenden wir uns zunächst ihrer Entwicklung und gegenwärtigen Gestaltung in Deutschland zu.

Zweiter Teil.

Die Gestaltung der Schulspeisung in Deutschland.

1. Geschichte.

Beginn der Schulspeisung. Die Schulspeisung ist eine noch junge Schöpfung. Freising in Bayern freilich hat sie seit mehr als 50 Jahren. Sonst liegen ihre Anfänge kaum 40 Jahre zurück. Damals schritt man in England und Frankreich, etwas später in der Schweiz und in Deutschland, vereinzelt zur Milderung der Schülernahrungsnot. Ohne System. Hier griff die freie Liebestätigkeit, dort die Gemeinde ein. Hier gabs Frühsuppe, dort Mittagbrot. Entscheidend waren meist pädagogische Beweggründe. Gewissenhafte Lehrer fanden es unerträglich und unmöglich, hungernden Kindern Aufmerksamkeit abzuzwingen; oft halfen sie selbst; dankbar begrüßten sie jeden Beistand, gleichviel woher und in welcher Gestalt er kam.

Die ersten deutschen Stadteinrichtungen für Schulspeisung finden sich meines Wissens in München. Sozusagen organisch wuchsen sie dort aus den städtischen Suppenanstalten, deren Wurzeln bis in das Jahr 1790 zurückreichen, da auf kurfürstliches Geheiß die erste „Rumfordische Suppenanstalt" errichtet ward. Sie gehörte zu den Maßnahmen, mit denen man unter Leitung des englichen Grafen Rumford das wuchernde Bettelunwesen bekämpfen wollte[1]. Unter ihrem ersten Namen erhielten sich solche Küchen nur stellenweise, kamen auf und gingen wieder ein, bis sie in der zweiten Hälfte des 19. Jahrhunderts als städtische Suppenanstalten festen Fuß faßten. Mit der Neuorganisation des Armenwesens um 1870 ergab sich ein lebhaftes Bedürfnis nach Vermehrung der damaligen drei Anstalten. So wurden sie seit 1873 ein ständiger Zubehör der Münchener Armenpflege; im Jahre 1897 war ihre Zahl auf 12, im Jahre 1907 auf 19 gestiegen.

Die erste Periode der Schulspeisung von 1874 bis zu Cunos Erhebung im Jahre 1896. Von dem Augenblick an, wo man die Suppenanstalten der städtischen Armenverwaltung einordnete,

---

[1] Möhl, Die Vorläufer der heutigen Organisation der öffentlichen Armenpflege. Bamberg, 1903. Bibl. d. Zentralstelle für Armenpflege und Wohltätigkeit. Berlin.

scheint man Mittagspeisung und Beaufsichtigung von Schülern in den Freistunden als eine der wesentlichsten Aufgaben erachtet zu haben. Wenigstens wurde schon am 18. Mai 1874 von Stadtmagistrat und Lokalschulkommission eine noch gültige „Instruktion für die mit der Beaufsichtigung der Schüler über Mittags betrauten Lehrer (Lehrerinnen) an den Volksschulen Münchens" (s. Anlage 1) ausgegeben, die in dieser Verbindung und in ihren wertvollen Einzelbestimmungen noch heute vorbildlich ist. Aus dem Jahre 1879 stammen „Direktiven für die Behandlung der unentgeltlichen Suppenabgabe an arme Schulkinder", die ebenfalls die Lehrer stark in Mitarbeit ziehen. Diese haben die gespeisten Schüler einzutragen und allmonatlich genau geführte Verzeichnisse an die Buchhaltung der Armenpflege abzuliefern (s. Anlage 2).

In ihrer ersten großstädtischen Form tritt uns hiernach die Schulspeisung als Einrichtung der Armenpflege unter Beteiligung der Schulbehörde entgegen. Schon beim zweiten Schritt begegnen wir der Initiative der freien Liebestätigkeit. Im Jahre 1875 ward in Hamburg „der Wohltätige Schulverein" gegründet: zu dem Zwecke, die Hindernisse, welche einem regelmäßigen und erfolgreichen Besuch der Hamburger Volksschulen entgegenstehen, zu beseitigen, und zwar durch Ferienkolonien, Verabreichung von Kleidung und gesundem und kräftigem Mittagessen an bedürftige Schüler.

Eine dritte Entwicklungsart weist Dresden auf. Zunächst kein eigentlicher Schulverein, sondern der 1880 gegründete „Verein gegen Armennot und Bettelei" nimmt sich, unter vielem anderen, seit 1884 der Speisung armer Schüler an. Erst zwölf Jahre später entsteht daneben ein Spezial- „Verein zur Speisung bedürftiger Schulkinder".

Beginnen München, Hamburg und Dresden mit der Mittagspeisung, so setzt in der Reichshauptstadt, später als in München und Hamburg, der „Verein zur Speisung armer Kinder und Notleidender" mit einem Schulfrühstück ein, das er seit 1883 in den Schulen teils vor Unterrichtsbeginn, teils in der ersten Pause verabreicht. Weitere zehn Jahre vergehen, ehe in Berlin durch einen Privatmann (Herm. Abraham) der „Verein für Kindervolksküchen" zur Mittagbeköstigung bedürftiger Schüler gegründet wird.

Breslau hat seit mehr als 20 Jahren Frühstück und beschränkt sich noch heute darauf. Ebenso alt sind Einrichtungen, teils für Mittagbrot, teils für erstes oder zweites Frühstück in Bremen, Stettin, Posen, Itzehoe, Swinemünde, Köslin, Wesel, Görlitz, Arnstadt, Cassel, Gera, Würzburg und Passau. Speisungen fanden ferner in einem Teil der seit 1872 aufkommenden Kinderhorte statt[1].

Einen neuen Sporn erhielt die Schulspeisung durch die Bewegung für Ferienkolonien, die mit der Obsorge für die Schwächlichen den Blick für die Not der normalen Schüler schärfte. In seinem, 1889 dem Verein für Armenpflege und Wohltätigkeit erstatteten Bericht über den gegen-

---

[1] Münsterberg, Art. Kinderfürsorge Hdw. d. St. 2. Aufl., Bd. V.

wärtigen „Stand der Sommerpflege für arme Kinder"[1] verweist Stadtrat Röstel auf einige Städte, die sich der ärmsten Ferienkolonisten nach ihrer Rückkehr durch Milchfrühstück, Suppenküchen, Verabreichung von Frühstück usw. annehmen. Das sei, führt er auf der 10. Jahresversammlung des Vereins aus, doch wirklich eine schöne Seite aller dieser Bestrebungen: „Faßt man erst einmal an, dann findet man, daß man noch an vielen Ecken und Enden helfen muß und helfen kann, wovon man vorher gar keine Ahnung gehabt hat. Und so ist es hier mit den Ferienkolonien gekommen; in vielen Städten hat man dadurch erst erfahren, daß Tausende von Kindern des Morgens zur Schule kommen, ohne das Geringste genossen zu haben"[2]. Regierungs- und Schulrat Dr. Falkenheimer aus Kassel erklärt hierzu:

„Wir wollen die Zöglinge der Sommerpflege auch ferner im Auge behalten, damit nicht verloren gehe, was in den paar Sommermonaten genützt ist. Wir speisen deshalb viele Hunderte von Kindern aus armen Familien in unseren Schulen, und ich glaube, das ist ebenso richtig als das Hinaussenden in die Ferienkolonien[3]."

Seither scheint namentlich der Morgenimbiß mehr in den Vordergrund zu treten. So führt Mannheim ein gut dotiertes städtisches Schulfrühstück ein. Hier zuerst begegnen wir einer besonderen „städtischen Kommission zur Speisung armer Schulkinder", die diese Fürsorge grundsätzlich nicht als Armenunterstützung gelten läßt.

Im Jahre 1892 sucht Agnes Blumenfeld den Gedanken der Schulspeisung in weitere Kreise zu tragen durch Übersetzung der von der London School Dinner Association preisgekrönten Schrift des Schweizer Pfarrers César: Les soupes scolaires, die sie mit einer Schilderung der Berliner Verhältnisse einleitet[4].

Als Abschluß der ersten Periode der einschlägigen Bestrebungen erscheint das Jahr 1896. Mit Cunos Referat: „Fürsorge für arme Schulkinder durch Speisung bezw. Verabreichung von Nahrungsmitteln", bringt es auf der Jahresversammlung des Deutschen Vereins für Armenpflege und Wohltätigkeit zu Straßburg den ersten Überblick über die damalige Sachlage und die erste grundsätzliche Prüfung des Problems[5].

Cunos Umfrage beschränkte sich auf Städte mit über 20 000 Einwohnern. Er tabellierte 79 Städte (von 179), die in irgend einer Form Schulspeisung hatten: 49 Frühstück, 23 Mittagkost, 7 beides. Der Prozentsatz der gespeisten Kinder schwankte in den einzelnen Städten zwischen $1/2$ und 25 %; auf Berlin kamen 4 bis 5 %; auf Halle 11, auf Königsberg 20 %. In 19 Fällen war die Einrichtung städtisch. In 26 Städten gab die Gemeinde Zuschüsse von 50 Mk. an; in Hamburg 12 000, in Mannheim 7000, in Darmstadt 4000, in Berlin 3000 Mk.

---

[1] Schriften des Vereins f. Armenpflege und Wohltätigkeit. Leipzig 1889.
[2] Stenogr. Bericht über die Verhdlg. d. 10. Jahresverf. d. Vereins f. Armenpflege u. Wohltätigkeit, Schr., a. a. O. 1890.
[3] Verhandlungen, a. a. O.
[4] Die Speisung armer Schulkinder. Berlin 1892.
[5] Schriften des Vereins f. Armenpflege u. Wohltätigkeit, Heft 26, Leipzig 1896.

Eine bunte Musterkarte! Vergeblich spürt man für die angegebenen und alle sonstigen Einzelheiten nach leitenden Gesichtspunkten. Nur der blinde Zufall erklärt die Verschiedenheiten der Organisation, der Speisung, der Auslagen[1]. Sowohl in den positiven als negativen Ergebnissen ist Cunos Erhebung noch heute kennzeichnend für die Behandlung der Schulspeisung. Auch bildet sie den Ausgangspunkt für alle nachfolgenden Untersuchungen und Vergleiche.

In seinen Schlüssen stellt Cuno sich mit Unbedingtheit auf den schulpflegerischen Standpunkt: „Wir haben die allgemeine Schulpflicht. Soll diese Nutzen bringen, so müssen wir auch die Kinder dazu befähigen, dem Unterricht zu folgen." Unter dem Vorbehalt, die weitere, namentlich auch a u s l ä n d i s c h e Entwicklung abzuwarten, weist er indes zu der gegebenen Zeit jede grundsätzliche Verallgemeinerung der Schulspeisung, besonders der Mittagkost, im Hinblick auf die Wahrung der elterlichen Verantwortung und die sittlichen Werte der häuslichen Verpflegung zurück. Im Falle wirklicher Bedürftigkeit will er, betreffs der Mittagkost, entweder im ordnungsmäßigen Wege der Armenpflege das Elternhaus unterstützt sehen, oder die Schulspeisung von der genauen Prüfung des Bedürfnisses abhängig machen. Dagegen befürwortet er als vollkommen unbedenklich und wünschenswert ein Frühstück, Suppe oder Milch mit Brot. „Es ist eine notwendige Ergänzung der Schulpflicht, daß diese Fürsorge eintritt. Ich glaube, hier ist eine eingehende Prüfung der häuslichen Verhältnisse kaum erforderlich."

Unter ähnlich einschränkenden Voraussetzungen wie Cuno, führt Bürgermeister Matting (Charlottenburg) aus:

Ebenso wie man Unterrichtsmittel gewähre, damit die Kinder dem Unterricht folgen könnten, und dies, wenigstens in seiner Verwaltung, nicht durch die Armenpflege, sondern durch die Schulbehörde geschehe, solle auch die Speisung nüchterner Kinder auf dem gleichen Wege erfolgen: „Das würde zunächst äußerlich sich dadurch dokumentieren, daß die Unterrichtsverwaltung sich lediglich auf die Tatsache der Nüchternheit des Kindes zu beschränken hat, daß diese Untersuchung nicht ausgeführt wird durch Organe der Armenpflege, sondern durch den Rektor, bezw. den Klassenlehrer, und daß — und das würde meiner Ansicht nach das wichtigste Moment sein, — diese Leistung der Gemeinde auch nicht den Charakter der öffentlichen Armenpflege trägt."

D i e R e s o l u t i o n d e s D e u t s c h e n V e r e i n s f ü r A r m e n p f l e g e u n d W o h l t ä t i g k e i t. Die Versammlung beschließt demgemäß:

„Die Verabreichung von Nahrungsmitteln an Schulkinder ist tunlichst unter Mitwirkung von Organen der Schulverwaltung auf die Fälle zu beschränken, in denen diese Fürsorge aus Unterrichtsgründen erforderlich erscheint und nicht durch Unterstützung der Familie gewährt werden kann[2]."

In diesem Kompromißbeschluß ist der theoretische Kern der Frage glücklich erfaßt. Indes erweisen allmählich die Tatsachen im In- und Ausland, daß die Schulspeisung als „F ü r s o r g e a u s U n t e r r i c h t s =

---

[1] Vgl. hierzu: Helene Simon, Schule und Brot. 2. Aufl., Hamburg und Leipzig 1908.
[2] Verhandlungen der 16. Jahresversammlung des Deutschen Vereins f. Armenpflege u. Wohltätigkeit in Straßburg 1896. Schr. a. a. O.

gründen" in viel weiterem Umfang erforderlich, der Schülernahrungsnot durch Familienunterstützung viel schwieriger beizukommen ist, als man damals annahm.

Zweite Periode von 1896 bis zur Erhebung der Zentralstelle für Volkswohlfahrt im Jahre 1907/08. Mit Cunos Schrift und den Verhandlungen des Deutschen Vereins für Armenpflege und Wohltätigkeit von 1896 schließt in Deutschland die Erörterung des Problems vor der weiteren Öffentlichkeit ab. Für mehr als ein Jahrzehnt. Nur in den Stadtparlamenten tauchen hier und da die Für und Wider in den alten Formen auf, wenn die Vereine, den Anforderungen nicht gewachsen, um erhöhten Gemeindezuschuß einkommen. Im wesentlichen schreitet die Entwicklung langsam, auf gut Glück in den Zufallsgleisen städtischer oder privater Beschlüsse weiter, in denen sie begann. Mannheim wird seither überflügelt durch Stuttgart; hier treibt das planmäßige Vorgehen des Stadtschularztes Dr. Gastpar energisch über Zufall und Tradition hinaus.

Inzwischen lenkten bald nach dem Jahrhundertbeginn sowohl der Gang der Dinge in England und Frankreich (worauf wir an anderer Stelle noch zurückkommen), als auch in Deutschland die Berichte über das Kinderarbeitsgesetz von 1903 den Blick des Sozialpolitikers in verstärktem Maße auf die Schülernahrungsnot. War sie doch, wie bereits in anderem Zusammenhang gezeigt ist, durch die gesetzliche Beschränkung der kindlichen Erwerbtätigkeit noch wesentlich verschärft worden[1]. Schon im Jahresbericht der württembergischen Gewerbeaufsicht für 1904 hieß es: es müßten, nach Aussage eines Gemeindevorstehers, die Mehrzahl der Kinder nüchtern zur Schule, erhielten erst etwas Warmes, wenn die Eltern zur Vesperzeit von der Fabrik nach Hause kämen; hieraus zum Teil erkläre es sich, daß man in den Landschulen so viele zurückgebliebene blutarme Kinder finde.

Die genaue Verfolgung der in- und ausländischen Sachlage veranlaßten mich zur Prüfung des Problems der Schulspeisung in der Broschüre „Schule und Brot"[2]. Für die Begebnisse in Paris, England und Deutschland, namentlich auch in Berlin bis zum Sommer 1908, sei auf diese Schrift verwiesen. Schon an der Hand des derzeitigen Materials gewann ich die Überzeugung, daß nur eine gesetzliche Regelung der Schulspeisung durchgreifende Abhilfe bringen könne. Als erster Schritt sei eine Umfrage über die Ernährungsverhältnisse der Kinder in allen deutschen Gemeindeschulen erforderlich. Im Anschluß hieran kam es zu öffentlichen Erörterungen des Problems mit dem Erfolg, daß die deutsche Zentrale für Jugendfürsorge an die Zentralstelle für Volkswohlfahrt das Ersuchen stellte, Erhebungen über die Ernährungsverhältnisse in Stadt- und Landgemeinden, sowie über die bestehenden Schulspeiseeinrichtungen ins Werk zu setzen.

---

[1] Siehe S. 6 ff. dieser Schrift.
[2] A. a. O.

Im Herbst 1907 sandte die Zentralstelle zwei Fragebogen: Nr. 1 betreffend den derzeitigen Stand einer öffentlichen oder privaten Schulkinderspeisung, Nr. 2 betreffend die Ernährungsverhältnisse der Schulkinder im allgemeinen, an 525 Städte und Gemeinden mit mehr als 10 000 Einwohnern (s. die Anlagen 3 und 4). Die Ergebnisse dieser verdienstvollen Umfrage liegen jetzt vor in der Bearbeitung von Kaup: „Die Ernährungsverhältnisse der Volksschulkinder"[1], und ermöglichen es, sich in den gezogenen Grenzen ein Bild der Sachlage zu machen. Leider unterblieb einstweilen die ebenfalls in Aussicht genommene Prüfung der Landschulverhältnisse; hier sind wir nach wie vor auf Einzelangaben, Symptome und Schlüsse angewiesen.

Eine wertvolle Ergänzung der Kaup'schen Statistik bietet die sorgfältige Darstellung verschiedener Organisationsformen in dem Bericht des Berliner Stadtschulrats Dr. Fischer über „Einrichtungen für die Speisung armer Volksschulkinder in den Städten Dresden, Prag, Wien, Nürnberg, Frankfurt a./M., Stuttgart, Straßburg, Augsburg und München"[2]. In einem Nachtrag sind noch einige andere Städte, Hamburg namentlich, behandelt. Diese Schrift ist eine Frucht der besonderen Berliner Untersuchungen, die der allgemeinen Erhebung der Zentralstelle vorausgegangen waren[3]; ihre Ergebnisse hatten den vom Berliner Kindervolksküchenverein nachgewiesenen Notstand im Entscheidenden bestätigt. Die Berliner Stadtbehörde unternahm die Prüfung auswärtiger Einrichtungen, um Richtlinien für eine etwaige Neuorganisation der Berliner Schulspeisung zu gewinnen.

2. Der derzeitige Stand der Schulspeisung[4].

Zahl der Städte mit Speiseeinrichtungen. Von den durch die Zentralstelle für Volkswohlfahrt an 525 Städte und Gemeinden mit mehr als 10 000 Einwohnern gesandten Fragebogen (s. die Anlagen 3 und 4) wurden 487, rund 93%, beantwortet. 201, das ist 38,3%, hatten irgendwelche Schulspeiseeinrichtungen. Sie fehlen demnach in 286 Städten; dazu kommt wahrscheinlich noch der größere Teil der 38 Gemeinden, die keine Auskunft erteilten.

In 189 Orten, die genaue Angaben machten, wurden von insgesamt 1 729 649 Schülern 94 870 oder 5,5% gespeist.

Die Träger der Kosten. Träger der Kosten waren in 42 Städten die Gemeinde, in 78 Städten Vereine, in 69 Städten teils städtisch unterstützte Vereine, teils Stadt und Private nebeneinander.

Art der Mahlzeiten: erstes und zweites Frühstück, Mittagkost. Alle drei Mahlzeiten gaben nur 9 Städte; erstes Frühstück

---

[1] Schr. d. Zentralstelle für Volkswohlfahrt. Berlin 1909.
[2] Berlin 1908.
[3] Vgl. Schule und Brot, a. a. O. s. auch S. 32 ff. dieser Schrift.
[4] Aus der Kaup'schen Arbeit: „Die Ernährungsverhältnisse der Volksschulkinder" Berlin 1909, sind hier die entscheidenden Zahlen benutzt; für Einzelheiten muß auf das ausführliche Tabellenwerk der angeführten Erhebung verwiesen werden.

und Mittagbrot 18, zweites Frühstück und Mittagbrot 6, erstes und zweites Frühstück ebenfalls 9 Städte.

Erstes Frühstück erhielten in 78 Orten: 42373 (2,5 %) der Schüler
Zweites Frühstück „ „ 76 „ 23773 (1,4 %) „ „
Mittagbrot „ „ 86 „ 28724 (1,6 %) „ „

Man sieht, das Frühstück ist bisher die in Deutschland bei weitem vorherschende Form der Schulspeisung geblieben.

Die Verteilung der Speiseeinrichtungen nach den Bundesstaaten. Überaus ungleich ist die Verteilung der Einrichtungen nach den Bundesstaaten. So kommen auf 352 preußische Städte 127 mit Schulspeisung oder 36,1 %; auf die übrigen 173 Städte 74 oder 42,7 %; noch hinter Preußen bleibt Baden mit 35,7 %; am tiefsten steht das industrielle Sachsen, das nach Preußen die meisten Großstädte hat, mit 34,9 %. Dagegen hat Hessen, das Land der besten Durchführung des gewerblichen Kinderschutzes, auf seine fünf Städte vier mit derartigen Einrichtungen oder 80 %; Bayern hat 55,5 %, Elsaß-Lothringen 53,8 %, Württemberg 47,1 %.

Von den rein städtisch unterhaltenen Einrichtungen sind 26 in Preußen, 5 in Sachsen, 11 in den übrigen Bundesstaaten.

Preußen besitzt von den neun Städten mit allen drei Schulmahlzeiten: erstes und zweites Frühstück und Mittagbrot, sieben; acht von den neun Einrichtungen für erstes und zweites Frühstück. Von den 18 Städten, die Mittagbrot und erstes Frühstück geben, kommen auf Preußen elf.

Im allgemeinen herrscht in Preußen das erste Frühstück, im übrigen Deutschland das Mittagbrot vor; das letztere erhalten in Elsaß-Lothringen sogar 7,3 %, in Bayern und Württemberg 3,4 und 3,2 %, in Preußen hingegen nur 1,4 %; umgekehrt überwiegt in Preußen das erste und zweite Frühstück: 2,8 % und 1,6 % gegen 1,9 % und 0,9 % im übrigen Deutschland.

Feststellung der Bedürftigkeit. 155 Städte machten genaue Angaben über die Organe zur Feststellung der Bedürftigkeit. Das Ergebnis zeigt die weitverbreitete Anerkennung der Speisung als einer streng schulpflegerischen Maßnahme. Lag doch die Feststellung der Bedürftigkeit in der großen Mehrzahl, bei 113 (73 %) Einrichtungen der Schule bezw. Lehrpersonen oder sonstigen Schulorganen ob; in 26 Fällen der Schule in Verbindung mit der Armenbehörde; in je sechs Fällen der Armenbehörde und Vereinen; viermal besonders ernannten Kommissionen.

Ort der Speisung. 167 Städte berichten über den Ort der Speisung. Überwiegend, in 104 Fällen, erfolgt sie innerhalb der Schule, in 17 teils in-, teils außerhalb, in 46 Fällen außerhalb; davon 13mal in Volksküchen, fünfmal in Gemeindehäusern, sechsmal in Gastwirtschaften.

Beaufsichtigung. In 96 Orten von 161 (60 %) geschieht die Beaufsichtigung durch Lehrer; in 18 (11 %) durch Schuldiener; in 47 (30 %) durch Vereinsorgane und Privatpersonen.

Auch hier sehen wir, sowohl in der Wahl des Speiseortes als der Aufsichtspersonen, überwiegend die wünschenswerte enge Verbindung mit der Schule gewahrt.

Dauer der Speisung. Höchst unzulänglich ist die Dauer der Speisung: sie bewegt sich zwischen **einem Monat und einem Jahr** und wird durchschnittlich im Sommer eingestellt. In weitaus den meisten, 56 von 150 Städten, erstreckt sie sich auf drei bis fünf, in 35 Städten auf zwei bis drei Wintermonate, in zehn Fällen auf das Winterhalbjahr. Nur 32 Orte, 19 in Preußen, 13 im übrigen Deutschland, setzen die Speisung das ganze Jahr durch fort; 15 mal handelt es sich hierbei um Mittagkost, vier- und elfmal um erstes und zweites Frühstück, zweimal um Frühstück und Mittagkost.

Ein weiterer Übelstand, über den die Erhebung nichts besagt, ist, daß die Kinder zuweilen wechseln: d. h. in Anpassung an die vorhandenen Mittel im Turnus, nur einen Tag oder mehrere Tage wöchentlich, nur ausnahmsweise während der ganzen Speisezeit Berücksichtigung finden können.

Zusammensetzung der Speisen. Verschieden wie Art und Dauer der Beköstigung ist auch ihre Zusammensetzung. Von den 77 Städten mit erstem Schulfrühstück gaben erfreulicherweise die Mehrzahl: 54 (69%) Milch, 14 Städte (18%) Suppe, beide meist mit Brot; 9 Städte (11%) Kaffee mit Brot. In 66 von 73 Orten mit zweitem Frühstück ward Milch (meist ¼ l) und eine Schrippe, in fünf Suppe, vereinzelt Kakao oder etwas Kaltes verabreicht. — Über das Mittagessen liegen genaue Angaben aus 77 von 86 Städten vor: in 26 Fällen eine vollständige Mahlzeit, Suppe, Gemüse und Fleisch; 16 mal Suppe oder Gemüse und manchmal Fleisch; 25 mal Suppe mit Zutaten oder Suppe und Gemüse.

Preis der Portionen. Je nach der Zusammensetzung schwankt der Preis der Portionen zwischen 3 bis 15 Pf. für Frühstück; 3 bis 30 Pf. für Mittagbrot. Als Durchschnittsätze ergeben sich 7½ und 11 Pf. (gegen 7 und 14 Pf. bei Cuno). Diese Durchschnittsätze erscheinen sehr hoch, wenn man bedenkt, daß sich in der Kindererholungsstätte vom Roten Kreuz, Sadowa bei Berlin, die Selbstkosten von fünf einfachen, aber vollkommen ausreichenden Mahlzeiten im Jahre 1907 pro Kind und Tag auf 37½ Pf. stellten. Es kamen auf das Kind über ein halbes Liter Milch und auf je sechs Kinder ein Pfund Fleisch[1].

Gesamtkosten. Ziffernmäßige Angaben über den Kostenaufwand machten 160 (80%) der Städte. Danach beliefen sich die Gesamtkosten auf rund 585 000 (584 541) Mk.; davon kommen auf städtische Einrichtungen 108 245 Mk., auf Privateinrichtungen mit städtischer Unterstützung 268 888 Mk.; auf Vereine und Private 207 408 Mk. Auf 106 preußische Orte fielen 298 607 Mk.; auf 54 außerpreußische Städte 285 934 Mk. Die verhältnismäßig geringen preußischen Aufwendungen

---

[1] Siehe Lennhoff, Versuch einer Methode zur Beurteilung des Erfolges der Walderholungsstättenkur bei Kindern. Medizinische Reform, Jahrg. 17, Nr. 19.

2. Der derzeitige Stand der Schulspeisung.

scheinen teils durch das Überwiegen des ersten Frühstücks, namentlich aber auch durch die geringeren städtischen Unterstützungen von Vereinen veranlaßt: stellen sich doch die Kosten „der Gemeinden und Privater" in Preußen auf 97391 Mk. gegen 171497 Mk. im übrigen Deutschland; dagegen die der Gemeinden auf 68985 Mk. gegen 39260, die der Vereine und Privaten sogar auf 132231 gegen 75177 Mk.

Die Aufwendungen in einzelnen Städten; ihre Ungleichmäßigkeit. Leider fehlen in der Kaup'schen Bearbeitung Rubriken der einzelstädtischen Aufwendungen und Subventionierungen, die in der Cunoschen Tabelle die außerordentliche Verschiedenheit der überhaupt aufgewendeten Summen und namentlich der städtischen Beteiligung besonders scharf beleuchteten. Anderweitig vorliegende Angaben zeigen, daß sich hierin die Verhältnisse nur in einem, allerdings in einem besonders einschneidenden Falle geändert haben: Berlin hat seit 1907 den Sprung von 3000 auf 100000 Mk. gemacht, die im Frühjahr 1909 für Mittagkost ins Budget eingestellt wurden. München folgt mit insgesamt 63690 Mk. für seine Suppenküchen (die auch Erwachsene beköstigen); Hamburg mit 16000 Mk. (der Gesamtaufwand beträgt dort 33915 Mk.); Dresden mit 9000 Mk.

Mannheim hat jüngst 25000 Mk. für Frühstück und 5000 Mk. für Mittagbrot ausgeworfen. Straßburg verausgabt hingegen für das letzte 13258, für Milch 7—8000 Mk.; Charlottenburg für Früh- und Mittagkost 16300, Nürnberg für beides 5424 Mk. Stuttgart wendet 34 bis zu 40000 Mk. nur auf Frühstück, Frankfurt etwa 24000 Mk. mit einer städtischen Unterstützung von 6000 Mk. Die Stadt Hannover gibt dafür 15000 Mk., Barmen 5000, Mainz und Darmstadt je 4000, Breslau und Gießen 2000 Mk. Die größeren Auslagen in Stuttgart und Hannover erklären sich zum Teil dadurch, daß hier das Milchfrühstück zwölf Monate hindurch verabreicht wird, während es sich in den anderen Städten meist auf die Wintermonate beschränkt. Nicht weniger ungleich als die Aufwendungen der Gemeinden sind die der Vereine. Man sieht, Widersprüche und Systemlosigkeit haben sich vollauf erhalten.

Bezahlte Portionen. Mit der oben erwähnten Gesamtsumme von 585000 Mk. für 80% der Städte sind nun die Kosten der Speisung nicht ganz gedeckt. Den Rest bringen bezahlte Portionen ein. 22 Städte machten hierüber Angaben, wonach sich die Preise zwischen 5 und 20 Pf. bewegen. In Stuttgart bezahlen 5% der Kinder 7 Pf. für erstes Milchfrühstück, in Straßburg bezahlen 73% das zweite Milchfrühstück. Alle Kinder zahlen in drei Städten, und zwar in Cassel für Mittagkost, Gemüse, Fleisch und Brot, 20 Pf.; in Gnesen im Sommer für Milch oder Kakao (mittags) 5 Pf., im Winter für Suppe oder Gemüse mit Fleisch 10 Pf. In Potsdam, einer der wenigen Städte mit zwölfmonatlicher Mittagspeisung, freilich nur für 23 Schüler (auf Privatkosten, aber in der Schule) zahlen 95% für Suppe und Fleisch 10 Pf.; in elf weiteren Städten 10—85% der Kinder 5—20 Pf. Vier Städte geben an, daß bei Zahlungsfähigkeit 5—10 Pf. eingefordert werden. Aus Glatz heißt es: eine Anzahl auswärtiger Familien der besitzenden Klassen, deren Kinder weite Wege zur Schule haben, zahlen 3—4 Mk. pro Kind.

Nährwerte. Sehr wertvolle Unterlagen für eine Zusammensetzung der Schulmahlzeiten nach hygienischen Gesichtspunkten bieten die Kaup'schen Darlegungen und Tabellen über den Nährwert der Portionen in einzelnen Städten. Hier können nur einige Hauptdaten wiedergegeben werden. Danach ist das in 120—140 Orten vor Unterrichtbeginn oder in der ersten Pause verabreichte Milchfrühstück: etwa $\frac{1}{4}$ l Milch mit einer Semmel oder Schrippe durchaus genügend. Auch die Suppen sind zum Teil recht nahrhaft. Fast völlig die Normalwerte erreicht das vom Vaterländischen Frauenverein in Essen 1112 Schülern gewährte Frühstück: 25 l Milch, 2,5 kg Gries, Reis oder Graupen und etwas Zucker auf 100 Portionen. Ganz unzulänglich ist dagegen der Nährwert der Haferflockensuppe in Mainz, der Mehl= und Hafermehlsuppen in Hirschberg, Mühlhausen und Worms, sowie des Kaffeefrühstücks, wo der Kaffee, wie meist, aus Zichorienabsud besteht und der Milchzusatz gering ist.

Besonders wichtig ist vom Standpunkt des Hygienikers die Mittagspeisung: „Für diese Kinder ist das Mittagessen, das sie in der Schule erhalten, noch in viel höherem Grade die Hauptmahlzeit, als dies sonst wohl der Fall ist. Weder das Frühstück noch das Abendessen solcher Kinder pflegt so reichlich zu sein, daß diese Mahlzeiten zusammen eine gute halbe Tagesration oder noch mehr ausmachen[1]." Dennoch entspricht keine der für zwölf Städte untersuchten Speisungen den hygienischen Nähransprüchen. „Das Schlußergebnis, daß nach den in deutschen Städten angestellten Berechnungen im Mittel nur 58% des Normalwertes an Kalorien in den Mittagspeisungen erreicht wird, deutet mindestens die Fülle von Belehrungs= und Verbesserungsvorschlägen an, die zur Hebung des Nährstoffgehaltes der Speisungen notwendig sein dürften." (Kaup)[2].

Städtische Angaben über die Ursachen der mangelnden häuslichen Speisung. Über die Ursachen der mangelnden häuslichen Speisung (erstes und zweites Frühstück und Mittagbrot) machten 48 Städte mit 18 822 gespeisten Schülern Angaben. Am stärksten, mit 4289 Fällen, ist dauernde Armut vertreten, wobei allseitig betont wird, daß eine entsprechende ausreichende Ernährung der schulpflichtigen Kinder durch Erziehungsbeiträge nicht gewährleistet sei. In 3482 Fällen ist der Tod, in 2765 Fällen Krankheit eines Elternteils, 2564 mal Arbeitlosigkeit, 1002 mal außerhäuslicher Erwerb der Mütter, 446 mal große Kinderzahl, 308 mal weite Schulwege, 360 mal Faulheit und Trunksucht als Ursache der Schülernahrungsnot verzeichnet; außerdem verhinderte in 93 Fällen Eile und Appetitlosigkeit die häusliche Speisung, war in 587 Fällen Kränklichkeit der Kinder Veranlassung der Schulspeisung. Für die 2986 „sonstigen Fälle", die über-

---

[1] Erismann, Ernährung und Kleidung dürftiger Schulkinder. Jahrbuch der schweiz. Gesellschaft für Schulgesundheitspflege. 9. Jahrg. 1908.
[2] A. a. O.

wiegend das Mittagessen betreffen, handelt es sich wahrscheinlich meist um die Verlegung der Hauptmahlzeit auf den Abend.

Nach Kaups Angaben spielt in Preußen dauernde Armut mit 19% eine geringere Rolle als im übrigen Deutschland mit 38%; dagegen sei Arbeitlosigkeit und Krankheit für Preußen mit 16% ungleich häufiger als für die anderen Bundesstaaten mit 2 bzw. 7%. Nach der vorliegenden Tabelle wirft hierbei Berlin mit 1186 und 1241 Fällen von Krankheit und Arbeitlosigkeit sein Schwergewicht in die Wage.

Ein ursächlicher Unterschied zwischen mangelndem Frühstück oder Mittagbrot deutet sich dahin an, daß bei dem letzten Tod, Krankheit, Arbeitlosigkeit, namentlich aber der außerhäusliche mütterliche Erwerb (mit 543 gegen 132 Fälle beim Frühstück) etwas hervor, elterliche Unterlassungssünden etwas zurücktreten. Im ganzen erscheint die außerhäusliche Erwerbsarbeit der Mütter unter den Ursachen an dieser Stelle auffällig selten. Wahrscheinlich steckt sie zum Teil schon in den übrigen Rubriken. Dann spricht die Gegend mit; fehlen doch unter den Orten, die Angaben machten, die großen sächsischen Industriestädte. Daß anderseits Preußen mit seiner überwiegenden Anzahl verheirateter Fabrikarbeiterinnen hier nur 2% gegen 20% der übrigen Bundesstaaten aufweist, ist wohl der Unzulänglichkeit der auf wenige und ungenaue Angaben beschränkten Tabelle zuzuschreiben.

Trotzdem belegen diese Stichproben im wesentlichen vollkommen die allgemeinen Erscheinungen im Volksleben, auf die im ersten Teil dieser Arbeit als Ursachen der Schülernahrungsnot verwiesen ist[1]. Zwar sind die 360 Fälle von Faulheit und Trunksucht (gegen 15 536 andere Ursachen), wie sich leicht nachweisen läßt, zu niedrig gegriffen. Dennoch zeigen sie, daß die elterliche Schuld die ihr zuweilen zugeschriebene Hauptrolle nicht spielt; um so weniger, wenn man sich vergegenwärtigt, daß in den betreffenden Kreisen oft ein einmaliges Verschulden in Not bringt und weit schwerer gebüßt wird, als da, wo Irrungen und Wirrungen durch Geldmittel beglichen und in ihren Folgen unschädlich gemacht werden können. Selbst noch Berlin mit seinem verrufenen Großstadtproletariat bestätigt diese Schlüsse. Nach einer Zusammenstellung der Berliner Schuldeputation vom März 1908 kamen in Berlin auf „mangelnde Fürsorge" 368 Fälle (die bei der Kaup'schen Tabelle wahrscheinlich unter 963 sonstige Fälle einbegriffen sind) auf 4334 Fälle überhaupt. Gewiß für die Großstadt mit ihrem Gefahrennetz und ihrer tiefststehenden untersten Volksschicht keine große Zahl. Ebenso kamen in Charlottenburg auf 2129 Fälle fehlender oder ungenügender Früh- und Mittagspeisung 1465 mal die Erwerbstätigkeit der Eltern (davon 1124 Fälle fehlenden Mittagbrots), 564 mal Armut, 433 mal Krankheit, 48 mal mehrere dieser Ursachen. Bleiben 147 sonstige und 65 fehlende Angaben. Setzt man hier allemal elterliche Schuld voraus, so bleibt sie als Ursache (212 gegen 2169) noch immer wesentlich im Hintergrund.

---

[1] S. 5 ff.

28 Zweiter Teil.

Zahlenmäßige Entwicklung von 1896—1908. Überblicken wir die Entwicklung in den zwölf Jahren von 1896—1908!

Die Vergleichsmaßstäbe sind zunächst dadurch beschränkt, daß die Cuno'sche Untersuchung nur die Städte mit über 20 000 Einwohnern erfaßte. Von den Städten mit 10—20 000 Einwohnern speisten 77 nach der letzten Erhebung 9372 Schüler. Nach Abzug dieser 77 bleiben 124 Städte mit Schulspeisung von 249 im Jahre 1908, gegen 79 von 179 im Jahre 1896. Während in den Städten mit über 100 000 und mit 20—50 000 Einwohnern die Speiseeinrichtungen von 71,4 auf 78 % und von 32,8 auf 38,8 % stiegen, fielen sie in den Städten mit 50 bis 100 000 Einwohnern von 65,5 auf 62,5 %; insgesamt eine Zunahme von 44,1 % auf 49,8 % oder rund 6 %.

Die Zahl der hier gespeisten Kinder stieg von 34 407 auf 85 498. Allein diese scheinbar viel stärkere Zunahme wird in ihrer tatsächlichen Bedeutung durch das Wachstum der Städte dieser Größenklassen etwas abgeschwächt. Ein Vergleich zwischen 42 Städten ergibt mehr als eine prozentuale Verdoppelung (8,7 % gegen 4,2 %) nur für die Städte von 20—25 000 Einwohner, insgesamt nur ein Steigen von 5,3 auf 7,6 %. Allein auch diese Gegenüberstellung zeigt kein getreues Bild, läßt die Zunahme zu gering erscheinen, weil sie die verhältnismäßig große Zahl der in den neu hinzugekommenen Städten gespeisten Schüler ausschließt. Darunter Straßburg mit 2365, Hamborn mit 1800, Charlottenburg mit 1200, Barmen mit 1077, Osnabrück mit 832, Konstanz mit 798, Insterburg und Kreuznach mit zusammen 1279 gespeisten Schülern.

Die stärkste Zunahme in den verglichenen Städten zeigt sich in Gießen und Brandenburg a. H. mit 17 und 16 %; es folgen Eisleben mit 15,3 %, Stuttgart mit 10,3, Metz mit 6,7, Elberfeld mit 5,5 %. Der Zunahme im allgemeinen und einzelnen steht eine nicht unerhebliche Abnahme in einigen Städten gegenüber: in Wesel um 7—11 %, in Darmstadt und Nordhausen um mehr als 9 %, in Mainz um 5,7 %, in Gleiwitz, Meißen, Leipzig und Cassel um 2,9 und 2,4, um 2 und 1,2 %; das von Cuno 1896 mit 20 % verzeichnete Königsberg fehlt unter den Berichterstattern von 1907/08; bei dem für Dresden vermerkten Rückgang von 4,5 auf 1,6 % scheint ein Irrtum vorzuliegen. Cuno tabelliert für beide Dresdener Vereine 1300 gespeiste Schüler, von denen bis zu 1000 auf den Verein gegen Armennot und Bettelei, 302 auf den damals neu gegründeten Verein zur Speisung bedürftiger Schulkinder kamen. Die Zahl der letzten stieg inzwischen auf 915[1], der erste Verein ist bei Kaup nicht einbezogen[2]. Wäre die von ihm gespeiste Schülerzahl die gleiche geblieben, so hätten wir ein Anwachsen von 1300 auf 1915, anstatt eines Rückganges.

3. Städtische Organisationsformen.

Die Organisation der Schulspeisung ist, wie wir schon sahen, eine sehr mannigfaltige und ebenso uneinheitliche. Oft in den gleichen Städten

---

[1] 12. Jahresbericht 1907/08; im Vorjahre betrug sie 805.
[2] Vgl. hierzu Fischer, a. a. O.

3. Städtische Organisationsformen.

finden sich mehrere Vereine mit Schülerspeisung, finden sich, nebeneinander oder in gemeinsamer Arbeit, Einrichtungen der freien Liebestätigkeit und der Gemeinden. Bei weitem überwiegt heute noch die **Vereinstätigkeit**. Nach Kaup beträgt sie in der Gesamtheit der Städte 72% gegen nur 28% rein städtischer Einrichtungen.

Von den Orten mit städtischer Speisung sind besonders interessant München, als der Boden der ältesten mittäglichen Beköstigung, Stuttgart mit der jüngsten und umfassendsten Form des Schulfrühstücks[1].

München. Wir sahen die Münchener Schulspeisung als eine Schöpfung der Armenpflege aus den allgemeinen Suppenanstalten hervorgehen, sahen, wie seit 1874 die Lehrer zu ausgedehnter Mitarbeit herangezogen wurden[2].

Im Jahre 1907/8 verabreichte München 1584 von 65 500 Schülern (2,4%) mittags eine Suppe mit kleingeschnittenem Fleisch und einem Weißbrot, am Freitag Erbsuppe ohne Fleisch, aber mit Schmalz oder Fett zubereitet. Nach dem Verwaltungsbericht von 1904/05 und 1905/06 wurden in diesen beiden Jahren durchschnittlich pro Tag 1339 Schüler gespeist. Der Prozentsatz der täglichen Besucher wies Schwankungen von 1,9 bis zu 11,2% der Gesamtschülerzahl, im Durchschnitt 6,2% auf. Die Gesamtausgaben für die Suppenanstalten betrugen im Jahre 1907 63 692 Mk. für 470 000 Portionen; davon wurden ungefähr 260 000 für Schüler durch die Armenpflege bestritten, die übrigen teils aus Schenkungsmitteln, teils aus dem Preis bezahlter Portionen. Zwei protestantische Schulen verteilten 12 000 Portionen auf eigene Rechnung.

Die Speisung erfolgt in 19 sogenannten Suppen- und Beköstigungsanstalten. Die meisten Schulhäuser haben Küchen, denen städtisch ernannte und besoldete Köchinnen vorstehen und einen Speiseraum; hier führt eine besonders honorierte Lehrkraft die Aufsicht und beschäftigt die Kinder bis zum Beginn des Nachmittagunterrichts im Sinne der oben erwähnten „Instruktion"[3]. Die Anstalten sind von Oktober bis Mitte Juli oder Anfang August geöffnet. Die unentgeltliche Einweisung der Schüler erfolgt auf persönliches Gesuch der Eltern bei der Schulbehörde, nach Prüfung des Falles. Außerdem sind für den Preis von 10 Pf. Billetts für je eine Portion erhältlich. Über die eingewiesenen Schüler muß das Lehrpersonal Verzeichnisse und täglich und monatlich Rechnung führen, die an jedem Monatschluß der Armenverwaltung einzureichen sind[4].

Seit dem Jahre 1901 sind die armenrechtlichen Folgen der Speisung für Einheimische durch ausdrücklichen Beschluß aufgehoben. Trotzdem handelt es sich hier um eine **armenpflegerische Organisation der Schulspeisung**; allerdings unter Verlegung derselben in die Schule, sowie unter so umfassender Heranziehung der Lehrer und entschiedener Betonung erzieherischer Grundsätze, daß der armenpflegerische Charakter sich stark nur

---

[1] Genaue Einzelheiten über München und Stuttgart bei Fischer, a. a. O. Über Stuttgart s. auch Simon, a. a. O.
[2] Vgl. S. 17—18 dieser Schrift, s. auch Anlage 1.
[3] Daselbst.
[4] Vgl. daselbst; s. auch Anlage 2.

in der Art der Einweisung behauptet (vielleicht auch in der Herabdrückung der Zahl der gespeisten Kinder und der Zusammensetzung der Mahlzeiten); im übrigen verblaßt er umsomehr, als die gleichzeitige entgeltliche Speisung sich völlig der Wohlfahrtpflege nähert. Bedenkt man, daß die Münchener Suppen- und Beschäftigungsanstalten das organisch gewachsene Produkt einer alten Entwicklung sind, so erweist sich gerade hier, sowohl in den Vorzügen (Verbindung von Beköstigung und Beschäftigung, Speisung innerhalb der Schulen), als auch in den Mängeln (Art der Einweisung usw.) der Weg, den die Neuorganisation dieser ursprünglich von der Armenpflege übernommenen Aufgabe in der Folge gehen muß.

Stuttgart. Wie entscheidend für die Gestaltung der Schulspeisung der jeweilige Ausgangspunkt ist, zeigt das seit dem Jahre 1906 in Stuttgart eingeführte Schulfrühstück, sowohl in seiner Organisation als auch in seiner Zusammensetzung. Stadtschularzt Gastpar hatte, auf Grund der an einer Schule mit besonders ungünstigen Ernährungsverhältnissen durch ein Milchfrühstück erzielten Erfolge an Gewichtzunahme und Leistungsfähigkeit die Frage eines allgemeinen städtischen Schulfrühstücks aufgerollt. Zunächst wurden 7000 Mk. für eine ausgewählte Schule bewilligt. Alle Kinder sollten auf ihren Antrag ohne Armenzeugnisse, von Mitte Oktober 1906 ab, berücksichtigt, daneben entgeltliche Milchmarken verabreicht werden. Schon im Januar wurden weitere 3000 Mk. erforderlich. Hatten sich doch 75% aller Schüler zum unentgeltlichen Frühstück gemeldet. Nach langen Debatten im Stadtparlament beschloß man, eine besondere Prüfungskommission aus zwei Gemeinderäten, zwei Mitgliedern des Bürgerausschusses und dem Vorsteher der Schulverwaltung zu bilden. Nach Ausdehnung der Fürsorge auf alle Schulen wurden 50 000 Mk. in den Etat eingesetzt und ausführliche und sorgfältig erwogene „Bestimmungen für die Frühstückabgabe in den Volksschulen" erlassen (siehe Anlage 5). Danach erfolgt die Anmeldung durch Ausfüllung eines Fragebogens, den jedes Kind im verschlossenen Couvert, nebst Umschlag für die Rücksendung, erhält. Die Antwort geht mit Ergänzungen des Lehrers an die oben erwähnte „Schulpflegekommission". Sind die Angaben ungenügend, so kann die Kommission nähere Auskunft bei dem Armenpfleger einholen, der dann als „Erkundigungsbeamter der Schulpflege" funktioniert und jede Nachfrage bei den Gesuchstellern und ihren Arbeitgebern zu vermeiden hat. Unentgeltlich eingewiesene Kinder erhalten Gutscheine in Heftchen mit sechs Frühstückskarten, die auch für andere Schüler gegen eine Vergütung von 45 Pf. erhältlich sind; das einzige Unterscheidungszeichen ist ein fetter Strich unter der ersten Druckzeile, der den Kindern verborgen bleiben soll. Jedes der Kinder bekommt das ganze Jahr hindurch $^1/_4$ l Milch und einen Wecken.

Im Oktober 1907 bestanden für 36 Schulen 25 Abgabestellen; davon 16 in den Schulen. Beteiligt waren 2350 von 17 500 oder 17,3% der Schüler. Verabreichung und Aufsicht erfolgt durch Lehrer, Schuldiener oder Angestellte der Abgabestellen. Die Auslagen beliefen sich im Jahre 1907/08 auf 34 000 Mk. Der Erfolg ward mir von Stadtschularzt Gastpar als ein glänzender geschildert, das Schulfrühstück als die im Schulinteresse wichtigste Mahlzeit bezeichnet, weil in Stuttgart der Unterricht fast ganz auf den Vormittag falle.

Hier sehen wir die rein **schulpflegerische** Organisation als jüngste Form einer Fürsorge, mit der ähnlich, nur weniger systematisch und weitherzig, schon Mannheim vorausging.

Neben dem städtischen Schulfrühstück besteht in Stuttgart ein Verein für Kindervolksküchen. Seit 15 Jahren dient er ausdrücklich dem Zweck, Kindern, deren Eltern tagüber außer dem Hause arbeiten, eine dem Kindesalter entsprechende kräftige Kost: Suppe, Gemüse und Fleisch unter geeigneter Aufsicht zu bieten. In drei Küchen werden solchermaßen 675 Schüler versorgt. Das ist ein Rückgang gegen 1896, wo von 9527 Schülern 642 beteiligt waren. Im Jahre 1906 beliefen sich die Auslagen für drei Küchen auf rund 9753 Mk. Für Neubau und Einrichtung der dritten Küche wurden außerdem 22 600 Mk. verausgabt[1]. Weitere 474 Stuttgarter Schüler wurden durch Vermittlung des Vereins Stuttgarter Knabenhorte in Familien gespeist. Stuttgart subventioniert die Kindervolksküchen mit 500 Mk.

Mannheim. Haben wir in Stuttgart die beiden Formen: städtisches Schulfrühstück und charitative Mittagsspeisung, so ist Mannheim im Begriff, darüber hinauszugehen. Schon eignet der badischen Stadt das Verdienst, **zuerst**, wenn auch in viel engeren Grenzen als Stuttgart, ein städtisches Milchfrühstück eingeführt zu haben.[2] Jetzt will sie auch Mittagspeisung in eigener Regie gewähren. In den Etat für 1909 sind hierfür 5000 Mk. eingesetzt; sie werden freilich nicht genügen, da nach den jüngsten Erhebungen 362 Kinder ohne Mittagbrot zur Schule kommen. Für Frühstück sind 25 000 Mk. ausgeworfen. Zur Teilnahme berechtigt sind ohne weiteres: die Kinder armenunterstützter Eltern, Kinder aus Familien mit Tagesverdiensten von 3 Mk. bei einem Kind, von 3,50 Mk. bei bis zu drei, von 4 Mk. bis zu fünf Kindern und 4,50 Mk. bei höherer Kinderzahl[3]. Die Speisung, $1/4$ l Milch und ein Brot, erfolgt auf Verlangen der Eltern, deren Bedürftigkeit von Organen der Armenbehörde geprüft wird. Nie galt sie jedoch als Armenunterstützung. Sie dauert nur vom 1. Januar bis Ende März, woraus sich die gegenüber Stuttgart bedeutend geringeren Auslagen für eine absolut größere Schülerzahl, 3346 gegen 2350, erklären; auch der Prozentsatz der am Frühstück beteiligten Kinder ist mit 14 bis 15 % etwas höher als in Stuttgart mit etwa 13 %.

Ein Vergleich der Schulspeisung in München, Stuttgart und Mannheim läßt deutlich zu Tage treten, wie nur für Stuttgart bewußt **schulhygienische** Motive Ausgangspunkt und alleiniger Maßstab waren. Und es ist kein Zufall, daß hierbei ein weitblickender und ernster Arzt die treibende Kraft ist.

---

[1] Bericht des Vereins für Kinderküchen. Stuttgart 1907.
[2] Vgl. Simon, a. a. O.
[3] Vgl. hiermit die Grundsätze, nach denen die Speisung in Bradford und Manchester erfolgt. Simon, a. a. O., S. 53, 54.

Berlin. Eine ganz andere Entwicklung wie in den drei süddeutschen Großstädten hat die Schulspeisung in Berlin genommen. Hier war die freie Liebestätigkeit bahnbrechend. Bis vor einem Jahre hat sie fast allein die Lasten und Leistungen dieser für die Reichshauptstadt mit ihrer großen und verstreuten Schülerzahl besonders anspruchsvollen Aufgabe getragen. Für alle Einzelheiten sei auf die vorliegende Literatur verwiesen[1]. Hier können nur die entscheidenden Tatsachen berührt werden.

Im Jahre 1896 verzeichnet Cuno, daß in Berlin von 188 375 Schülern 8000 (4—5%) und zwar je 4000 mit Frühstück und Mittagbrot, unter einer städtischen Beihilfe von 3000 Mk., versorgt werden. Der Berliner Verein zur Speisung armer Kinder und Notleidender hatte schon 1883 begonnen, ein Milchfrühstück in den Schulen zu verteilen. Der 1893 von Hermann Abraham begründete und noch heute geleitete Verein für Kindervolksküchen hat bis 1907, zuletzt in 15 Küchen, über 4000 Kinder gespeist. Die Kost besteht abwechselnd aus Gemüse, Suppe und Gemüse, Gemüse mit Würstchen, Kartoffeln und Rindfleisch nebst einer Brotzulage. Nach den Kaup'schen Berechnungen des Nährwerts der Schulmittagmahlzeiten 13 deutscher Städte steht Berlin mit 76% des als normal angenommenen Nährwertes von 816 Kalorien an zweiter Stelle und wird nur von Colmar mit 87% übertroffen. München fehlt unter den verglichenen Städten.

Der Verein war indes mit der erwähnten städtischen Subvention von nur 3000 Mk. nicht in der Lage, den wachsenden Ansprüchen zu genügen und alle bedürftigen Kinder zu speisen. Desgleichen ward seitens der Berliner Schulärzte, namentlich durch die sorgfältigen, vier Jahre hindurch fortgesetzten Untersuchungen des Dr. Bernhards an 8451 Kindern seines Schulkreises nachgewiesen, daß auch die Gewährung von Schulfrühstück weit hinter dem Bedarf zurückbleibe. Das Erscheinen von „Schule und Brot" brachte die Frage ins Rollen. Nachdem ich im Winter und Frühjahr 1907 namentlich auch die Berliner Verhältnisse in Vorträgen und Aufsätzen erörtert hatte, erschien der Verein für Kindervolksküchen mit einer Denkschrift auf dem Plan: es seien in 232 Schulen 9147 Schüler bedürftig; er könne nur 4323 speisen; 4649 Kinder blieben unversorgt[2].

---

[1] Jahresber. d. Vereins f. Kindervolksküchen. Cuno, a. a. O. Simon, a. a. O.; dieselbe, Schulspeisung; Heft 7, Jahrg. 8 d. Zeitschr. f. d. Armenwesen und Die Zukunft Nr. 4, Jahrg. 16; Berichte der Berliner Stadtverordnetenversammlung, namentlich ab Frühjahr 1907; Zur Frage der Speisung notleidender Schulkinder, Berliner Kinder-Volksküchen-Verein, Berlin 1907. Siehe auch die Berichte der Berliner Schulärzte ab 1906.

[2] Zur Frage der Speisung notleidender Schulkinder, a. a. O. Den in dieser Denkschrift gemachten Angaben gegenüber befremdet es, daß der Verein sich in seinem letzten Rechenschaftsbericht von 1909 (S. 7) rühmt, in Wahrung der elterlichen Verantwortung bei seinen Speisungen nie die Zahl von 1½ bis 1¾% aller Schüler überschritten zu haben. Diese Beschränkung, die nach seinen früheren Angaben der ungenügenden städtischen Dotierung zur Last gelegt werden mußte, macht er jetzt als einen Vorzug der freien Liebestätigkeit gegenüber der städtischen Schulspeisung geltend, die z. B. in München 6,2% der Kinder umfasse. Daß er im Kampf um eine von ihm geschaffene und ihm liebgewordene, überaus verdienstvolle

3. Städtische Organisationsformen.

Die Presse nahm die Sache auf. Anträge zur Abhilfe in der Stadtverordnetenversammlung folgten.

Nach einer Erhebung der Schuldeputation vom März 1908 waren von insgesamt 228 479 Schülern 879 Kinder regelmäßig, 1486 häufig ohne erstes Frühstück; 590 erhielten regelmäßig weder erstes noch zweites Frühstück; 2997 regelmäßig, 2600 häufig kein zweites Frühstück. Es erhielten weder am Mittag noch am Abend zu Hause eine warme Hauptmahlzeit regelmäßig: 4388, häufig: 2262 Schüler. Bezieht man die Kinder ohne zweites Frühstück ein, so ergeben sich 13 612 bedürftige Schüler. Im Februar und März 1908 bewilligte der Magistrat 25 000 Mk. für Mittagspeisung. Vorläufig ward die Sache in der Weise geordnet, daß die Schulen den als bedürftig erkannten Kindern Speisemarken gaben und sie dem Verein für Kindervolksküchen überwiesen; die Stadt vergütete ihm zunächst 10 Pf. pro Portion. Im Herbst 1908 erschien dann die schon erwähnte Schrift des Stadtschulrats Fischer [1] über die Einrichtungen für Schulspeisung in anderen Städten; zugleich gibt sie eine lichtvolle Übersicht der in den letzten Publikationen zur Schulspeisung behandelten allgemeinen Seiten des Problems.

Nach erneuten ausgedehnten Debatten und Ausschußberatungen betreffs der zu ergreifenden Schritte, bei denen namentlich die Frage schwebte: **völlige Übernahme der Mittagspeisung in städtische Regie, oder entscheidende städtische Unterstützung und entsprechende Kontrolle der Vereinstätigkeit?** kam es im Frühjahr 1909 zu folgenden Beschlüssen:

1. Mit dem Verein für Kindervolksküchen wird auf ein Jahr (1. April 1909 bis 31. März 1910) ein Vertrag dahin abgeschlossen, daß der Verein in seinen Küchen, die ausreichend geräumig und zweckmäßig sein müssen, den von der Stadt ihm zugewiesenen bedürftigen Kindern an den Schultagen eine Mittagsmahlzeit verabreicht, gegen eine städtische Subvention von 11 Pf. für jede verabreichte Portion. Der Verein verpflichtet sich soviel Geschirr zu beschaffen, daß während der Speisezeit eine Reinigung des benutzten Geschirrs nicht erforderlich ist, die gründliche Reinigung vielmehr nach beendeter Speisung erfolgen kann.

2. Um einen Versuch mit der Speisung in Schulen machen zu können, werden die bedürftigen Kinder aus fünf Gemeindeschulen (nach den bisherigen Erfahrungen im Winter etwa 180, im Sommer 80 bis 100 Kinder in einer Gemeindeschule, Diefenbachstr. 51 im Süden der Stadt) zur Speisung gesammelt; die erforderlichen Speiseportionen werden von einem Speiseverein in diese Schulspeisestelle geliefert [2].

Die Magistratskommission für die Schulspeisung wird ermächtigt, die für diesen Versuch nötigen Anschaffungen zu machen.

3. Die Kindervolksküchen und die Schulspeisestelle werden durch eine geeignete von der Magistratskommission anzunehmende Persönlichkeit regelmäßig besucht, die von dem Betrieb und der Qualität der Speisen Kenntnis nimmt und regelmäßig über ihre Wahrnehmungen der Speisekommission berichtet.

Tätigkeit nicht die nötige Objektivität wahrt, muß ihm billigerweise zugute gehalten werden. Nur sollte er sich hüten, durch recht zweifelhafte Argumente seine Pionierverdienste zu schmälern.

[1] Fischer, a. a. O., vgl. S. 22 dieser Schrift.
[2] Vgl. hierzu Wien S. 63.

Die Kosten werden aus der in den Etat für die Zwecke der Schulspeisung eingesetzten Position von 100000 Mk. gedeckt.

Zugleich ersucht die Stadtverordnetenversammlung den Magistrat, den Versuch der Speisung in den Schulen im laufenden Etatsjahre zu erweitern, so daß nicht nur in einer Schule, sondern in etwa fünf Schulspeisestellen Mittagessen verabreicht werde. —

Die Einweisung der zu versorgenden Kinder geschieht durch die Schule, die ihnen mit ihrem Stempel versehene Speisemarken zur Freispeisung, sei es in den Kindervolksküchen oder in der Schulspeisestelle, aushändigt.

Für die Gewährung von Speisemarken sind folgende wichtige Bestimmungen getroffen:

1. Kindern solcher Personen, die Almosen, oder Pflegegelder empfangen, ist Freispeisung zu gewähren, falls sie darum einkommen.
2. Kindern, die zu Hause kein warmes Mittagessen erhalten, sind Marken zur Freispeisung auszuhändigen, wenn die Bedürftigkeit festgestellt ist.

Damit ist der Grundsatz, daß alle Schüler aus armenunterstützten Familien zur Schulspeisung zuzulassen sind, auch in Berlin voll und ganz anerkannt. Und darüber hinaus: die Verpflichtung der Schule, festzustellen, wie die häusliche Ernährung der nicht armenunterstützten Schüler beschaffen ist.

Inzwischen hatte sich die 1880 gegründete Volkskaffee= und Speisehallengesellschaft bereit erklärt, die Lieferung der Speisen für eine Schulspeisestelle, event. für einen Bezirk, zum Preise von 12 Pf. pro Portion zu übernehmen; dafür gibt sie täglich ½ l Gemüse oder Hülsenfrüchte, mit viermal wöchentlich einem Stück Fleisch im Rohgewicht von 70 g, einschließlich der Zusendung in Kochkisten und des erforderlichen Geschirrs. Die Speise wird in der mit allen Vorzügen neuzeitlicher Hygiene und Wirtschaftlichkeit jüngst errichteten Halle der Gesellschaft aus tadellosen Zutaten bereitet; der Kostenpreis pro Portion stellt sich auf 11 Pf. 1 Pf. wird auf den Versand gerechnet.

Im April ward in der vorbestimmten Schule die erste Schulspeisestelle eröffnet. Zwei schöne große Klassenzimmer sind, getrennt für Knaben und Mädchen, freigegeben. Die Aufsicht hat ein Lehrer bisher unentgeltlich, während der Schuldiener und seine Frau die Austeilung der Speisen usw. gegen Vergütung besorgen. Die Zahl der Kostgänger belief sich im Frühjahr durchschnittlich auf 120 täglich.

Ein Übelstand ist, daß ein Teil der aus fünf Schulen gesammelten Kinder einen halbstündigen Weg hat. Sonst macht die noch in der Entwicklung begriffene Einrichtung einen guten Eindruck und läßt namentlich in hygienischer Beziehung das Beste hoffen. Auch erziehliche Rücksichten werden beobachtet. Die Frage der Eröffnung von fünf weiteren Speisestellen schwebt.

Bei entsprechender Fortbildung wird Berlin mit seiner Schulspeisung bald an die Spitze der deutschen Städte treten. Für die endgültige Lösung des Verwaltungsproblems kommen nur Zweckmäßigkeitsgründe in Betracht. Verbleibt unter städtischer Unterstützung und Oberaufsicht die Verwaltung der Küchen der Vereinstätigkeit? Oder wird sie völlig in städtische Regie genommen? Werden alsdann in den Schulen Küchen= und Speiseräume eingerichtet wie in München? Werden nur die

3. Städtische Organisationsformen.

Mahlzeiten in die Schule verlegt und die Portionen nach dem Bradforder Beispiel[1] von einer Zentralküche aus geliefert? Dies alles sind technische und ökonomische Fragen, die sich am besten von Fall zu Fall entscheiden lassen. Jedenfalls hat Berlin mit einer Bewilligung von 100000 Mk. mit der Übernahme der Zuweisung der Schüler und der Oberaufsicht über die Ausführung, diesen Zweig der Fürsorge grundsätzlich in die Hände der Schuldeputation gelegt. Eine Entscheidung, die bei aller Würdigung der Pionierarbeit des Kinderküchenvereins freudig zu begrüßen ist.

Gerade die Berliner Entwicklung veranschaulicht, wie die rein charitative Schulspeisung nur ein Übergangsstadium darstellen kann. Der Verein selbst hatte erklärt, daß er ohne erhebliche städtische Subvention der Größe der Aufgabe nicht gewachsen sei. Städtische Mittel können aber in einem Umfang, wie er hier erforderlich ist, ohne Festlegung städtischer Grundsätze und ohne genaue Kontrolle nicht bewilligt werden. Immer liegt die Frage nahe, ob die Eigenverwaltung und die Speisung innerhalb der Schulen oder in unmittelbar angrenzenden Räumen nicht vorteilhafter und für die Verwirklichung schulpflegerischer Grundsätze geeigneter erscheint.

Auch das Schulfrühstück soll in Berlin demnächst planmäßig durchgeführt werden. Umgekehrt wie bei der Mittagspeisung, die auf dem Wege der städtischen Subvention unter die Schulkontrolle gelangte, hat ein Menschenfreund der Schulbehörde die Mittel zur Frühstücksverteilung zugesagt, soweit der Verein zur Speisung armer Kinder und Notleidender den Bedarf nicht decken kann. Man plant, armen Kindern, die ohne erstes Frühstück zur Schule kommen, vor Beginn des Unterrichts einen Viertelliter warmer Milch oder Malzkaffee mit reichlicher Milchzugabe und eine Schrippe, solchen, die kein zweites Frühstück haben, in der Pause eine Schrippe zu geben. Zunächst ist Beschaffung einer genauen rechnerischen Grundlage für den Umfang der nötigen Mittel ins Werk gesetzt. Nach der letzten Zählung kommen für das erste Frühstück 2300, für das zweite Frühstück 5300 Kinder in Betracht.

Die Gestaltung dieser Fürsorge in der Form der schulpflegerisch verwalteten, aber aus Privatmitteln bestrittenen Speisung zeigt ein neues Bild. Hier, wie für die Berliner Mittagspeisung sind die Dinge im Fluß. Ein abschließendes Urteil ist heute noch nicht möglich. Nur soviel steht fest: das Schulfrühstück kann im allgemeinen nicht etwa davon abhängen, ob sich ein zahlkräftiger Wohltäter findet. Nichts spricht dagegen, einen solchen Glücksfall zu benutzen; nur darf er nicht in dem Sinne als Präzedenzfall gelten, daß man für die Erfüllung einer städtisch schulpflegerischen Aufgabe den Eingang freiwilliger Spenden abwartet.

Charlottenburg. Inzwischen hat die Nachbarstadt Charlottenburg, für die 1896 überhaupt noch keine solche Einrichtung verzeichnet ist, ihre Schulspeisung in bemerkenswerter Weise nach bestimmten Grundsätzen

---

[1] Siehe Schule und Brot, S. 87 ff., a. a. O.

organisiert[1]. Als „eigentliche Schulangelegenheit" (gemäß dem Beschluß des Deutschen Vereins für Armenpflege und Wohltätigkeit auf der Jahresversammlung zu Straßburg von 1896) war seitens der Schulverwaltung schon früher an bedürftige Schüler in der Schule ¼ l Milch und eine Schrippe verabreicht worden. Eine im Winter 1908 veranstaltete Erhebung ergab, daß von 23 060 Schülern regelmäßig überhaupt kein erstes Frühstück hatten: 245; häufig: 141; kein warmes Frühstück regelmäßig: 314; häufig: 221; ohne warmes Mittagbrot blieben regelmäßig: 1208; häufig: 652 Schüler, von denen 1124 regelmäßig, 32 manchmal warmes Abendbrot als Ersatz erhielten. Dabei ist Charlottenburg keine Arbeiterstadt und hat eine verhältnismäßig wohlhabende Bevölkerung.

Es wurden 16 300 Mk. für Speisung bewilligt; 900 Schüler wurden zum Milchfrühstück, teils vor dem Unterricht, teils in der ersten Pause, 500 zur Mittagspeisung eingewiesen. Das Frühstück verblieb der Schulverwaltung. Die Mittagspeisung ward, um der Streitfrage Schul- oder Armenpflege auszuweichen, der Deputation für die Gesundheitspflege unterstellt; doch sind beide Einrichtungen in enger Fühlung. Man beschloß die 500 bedürftigen Kinder (2,2 % der Schüler) täglich nach Schulschluß das ganze Jahr, auch in den Ferien, zu beköstigen. Schon im Sommer 1907 war der von Frl. Gierke geleitete Verein „Jugendheim", der Kinder erwerbstätiger Mütter unterweist und beaufsichtigt, vom Magistrat mit der Speisung von 50 Schülern, auf Kosten der Stadtverwaltung, betraut worden. Ihm wurden auch die weiteren Schüler überwiesen.

Für die genauere Prüfung der häuslichen Verhältnisse und für die Einweisungsbedingungen ergingen „Grundsätze", zu deren Ausführung sich für jede Schule je zwei Lehrer und Lehrerinnen als Rechercheure zur Verfügung stellten. Die Grundsätze wollen nicht alle Einzelfälle erschöpfen, sondern nur Richtlinien geben:

1. schließen sie die Beteiligung von Schülern aus, in deren Familie bei ausreichendem Verdienst regelmäßig gekocht wird.
2. Gegen einen angemessenen, regelmäßig zu entrichtenden Beitrag sind die Kinder zu speisen, deren Ernährer zwar genügend verdienen, die aber aus zwingenden Gründen (außerhäusliche Erwerbsarbeit, Tod oder Krankheit der Mutter) eine ausreichende Hauptmahlzeit daheim nicht erhalten können.
3. Liegt mangelnde Fürsorge usw. vor, so soll seitens der Vereinsleitung durch persönliche Einwirkung und Belehrung die Mutter möglichst zur Pflichterfüllung veranlaßt werden. Gelingt es nicht, so sind auch diese Kinder, aber erst nach den Kindern wirklich bedürftiger Eltern, zu berücksichtigen, wobei mit allem Nachdruck ein angemessenes Entgelt einzutreiben ist; besonders soll hier der Gesundheitszustand des Schülers in Betracht kommen.
4. Bei Armut sind die Schüler durchschnittlich an Stelle einer Erhöhung der Pflegegelder[2] zu beköstigen.

Die Grundsätze sollen einer übertriebenen und kritiklosen Ausdehnung der Schulspeisung vorbeugen, und die elterliche Verantwortung wahren,

---

[1] Eingehend unterrichtet hierüber: Stadtrat Seydel, Die Mittagspeisung von Schulkindern in Charlottenburg. Amtl. Nachrichten der Charl. Armenverwaltung, 12. Jahrg. Nr. 13, Feb. 1909. Dem Aufsatz ist hier das Wichtigste entnommen; doch ist der Artikel selbst allen Interessenten zu empfehlen.

[2] Vgl. hierzu S. 3 und 4 dieser Schrift.

3. Städtische Organisationsformen. 37

„wobei allerdings eine durch unverbesserliche Eltern verschuldete Gefahr der Unterernährung der Kinder als das größere Übel betrachtet wird".

Bisher wurden 90% der Kinder unentgeltlich gespeist; 10% zahlten 5 oder 10 Pf. pro Portion, doch erhofft man in der Folge ein besseres Ergebnis.

Alle Schulen wurden durch ein Rundschreiben über Art und Zweck der Speisung ausführlich unterrichtet und für die Mitarbeit interessiert. Der Aufnahmeantrag erfolgt durch Ausfüllung des ersten Teiles eines zweiteiligen Fragebogens seitens der Schule, geht dann an den Verein, der ihn nach Prüfung einem Rechercheur übergibt. Nachdem dieser in Abteilung 2 seine Erkundigungen eingetragen hat, entscheidet eine Kommission, bestehend aus der Vereinsvorsitzenden oder einer der Leiterinnen der Speisung, je einem Lehrer und einer Lehrerin, über die freie oder entgeltliche Zulassung. Im letzten Falle erhält die Ausweiskarte für das Kind einen diesbezüglichen Vermerk. (Siehe hierzu die Anlagen 6 a, 6 b, 6 c.) Ferner wird im Fall der Aufnahme der Gesundheitsschein des Schülers mit einem Vermerk versehen, damit die Schulärzte jederzeit den Erfolg der Speisung prüfen können.

Etwa drei Viertel der Teilnehmer speist der Verein in den Räumen seines freundlichen Heims, den Rest in zwei Räumen eines städtischen Hauses; weitere Filialen stehen in Aussicht.

Die in der Heimküche zubereiteten Speisen wandern in wärmehaltenden Gefäßen mittels Handwagen nach der Filiale. Also wieder das auch für Berlin beabsichtigte Bradforder System, das sich erheblich billiger stellen soll, als die Pariser und Münchener Küchen. Ähnlich wie in Paris liegt die Verwaltung in Vereinshänden; doch hat sich die Gemeinde, als Trägerin der gesamten Unkosten, einschließlich der Personalbesoldung, einen unbeschränkt bestimmenden Einfluß auf Organisation und Handhabung gesichert.

Für jede Portion werden dem Verein 17 Pfg. vergütet; 13 Pf. sind auf die Rohmaterialien, 4 Pf. auf die Generalunkosten verrechnet.

Der Speisegehalt ist nach Ernährungstabellen aus dem Rubnerschen Laboratorium so gestaltet, daß Schulfrühstück und Mittagbrot zusammen reichlich die Hälfte des durchschnittlichen täglichen Nährbedarfs eines wachsenden Kindes decken. Nur zweimal wöchentlich werden etwa 70 g Fleisch pro Kind gereicht, sonst ein kräftiges, mit gebratenem Speck zubereitetes Gemüse (Reis, Gries, Graupen, Kartoffeln, im Sommer mit Obst). Jedes Kind erhält, soviel es mag. Eine Schnitte Brot erhöht den Nährwert „und leistet gute Dienste bei der Verbesserung der Tischsitten". Daß man in Charlottenburg mit der Speisung an den von den Kindern gedeckten, mit Wachstuch belegten, blumengeschmückten Tischen erzieherische Beeinflussung und Anleitung zu häuslicher Tätigkeit verbindet, ward schon an anderer Stelle betont[1]. Nirgendwo sonst habe ich eine

---
[1] Vgl. S. 10/11 dieser Schrift.

gleich liebenswürdige und anmutende Gestaltung dieser Fürsorge, die oft eine bloße Massenabfütterung darstellt, gesehen[1].

4. Die Unzulänglichkeit der heutigen Schulspeisung.

Nach freundlichen Bildern eines schönen Fortschritts müssen wir uns vergegenwärtigen, wie viele bedürftige Schüler der Wohltat der Schulspeisung heute noch ermangeln.

Zahl der Städte ohne Speiseeinrichtungen. Wir sahen, daß von 525 Städten mit über 10 000 Einwohnern 201 Städte Frühstück oder Mittagbrot in irgend einer Form geben. Dazu kommen nach Kaup noch 38 Städte, von deren Schülern eine Anzahl in Kinderhorten gespeist wird. Bringt man sie in Anrechnung, so erhält man 239 Städte mit Speiseeinrichtungen. Alsdann bleiben noch 286 Städte ohne solche; darin stecken aber 38 Städte der genannten Größenklasse, die keine Angaben machten. Nach Abzug derselben sind definitiv ohne Speiseeinrichtungen: 248 Städte mit über 10 000 Einwohnern. — Alle genaue Kunde fehlt über kleinere Ortschaften und das flache Land.

Unstimmigkeiten. Die Prozentsätze der in 189 Städten (über die wir genau unterrichtet sind) gespeisten Schüler bewegen sich von 0,4 % in allen Zwischenstufen bis herauf zu 33,6 %. Wie wenig dieser von Konstanz erreichte Höchstsatz besagt, zeigt die nur vier- bis sechswöchentliche Dauer der Verpflegung dort, während z. B. Bergisch-Gladbach 30 % seiner Schüler zwölf Monate beköstigt. Eine Vorstellung solcher und ähnlicher Unstimmigkeiten, nach der Zahl der Beteiligten, Dauer, Art und Ausführung der Speisung, ergibt schon ein Blick in die ersten Kaupschen Tabellen, obwohl eine Rubrik über die aufgewendeten Summen aus privaten und städtischen Mitteln, die sie noch schärfer umzeichnen würde, fehlt[2].

Frühstücklose Schüler im Winter und Sommer. Einige genauere Daten über die daheim völlig unversorgt bleibenden Kinder erhalten wir im zweiten Teil der Kaupschen Arbeit durch die Erhebung über „die Ernährungsverhältnisse der Volksjugend im allgemeinen"[3]. Kaup stützt sich hier auf den gleichfalls an alle Städte und Gemeinden mit über 10 000 Einwohnern ergangenen zweiten Fragebogen, zur Prüfung der Art der häuslichen Ernährung und zur Feststellung der Zahl ungespeister Schüler[4] (siehe Anlage 4).

Insgesamt liegen aus 125 Städten Antworten vor: 73 auf den Winter, 52 auf den Sommer bezüglich. Von ihren 311 735 Schülern erhielten trotz öffentlicher Speiseeinrichtungen im Winter 1860 (0,6 %) kein Frühstück. In dieser Zahl fehlt zunächst Berlin. Nach den

---

[1] Über weitere Einrichtungen siehe Fischer, a. a. O.
[2] Vgl. S. 25 dieser Schrift.
[3] Vgl. Teil II, Ernährungsverhältnisse der Volksjugend im allgemeinen, a. a. O., S. 77 ff.
[4] Vgl. S. 22 dieser Schrift.

4. Die Unzulänglichkeit der heutigen Schulspeisung.

unter Anweisung der Schuldeputation von den Rektoren sämtlicher Gemeindeschulen besonders sorgfältig ausgeführten Erhebungen waren aber im Dezember 1907 allein in Berlin 3265 oder 1,4% (im März 1%) frühstückloser Schüler[1]. Hier betrugen sie somit über das Doppelte des Durchschnitts von 0,6%. In diesem Satz fehlen aber ferner außer Berlin auch die meisten übrigen Großstädte, wie Dresden, Leipzig, Frankfurt, Cöln, Düsseldorf u. a. m. Sind doch von den 29 Städten mit über 100 000 Einwohnern der ersten Tabellen an dem Verzeichnis über die allgemeinen Ernährungsverhältnisse nur sieben beteiligt. Und auch diese Beteiligung versagt in wichtigen Fällen. So machten Charlottenburg und Hamburg zwar Angaben über die Mittagspeisung, nicht aber über das Frühstück. Danach erscheinen beide in dem Satz von 0,6% als Städte ohne frühstücklose Schüler. Wir wissen aber, daß im Winter 1908 in Charlottenburg 245 Kinder regelmäßig, 141 häufig frühstücklos waren, die jetzt allerdings versorgt werden[2]. Wie es in Hamburg aussieht, sagt uns der Fischer'sche Bericht vom Herbst 1908, wenn nicht in Zahlen, so doch in beredten Daten: „Frühstück", heißt es in einem Schreiben des Vorsitzenden der Speisungskommission des „Wohltätigen Schulvereins", „wird nicht verabreicht, ausnahmsweise einmal Milch wie im vorigen Jahre, als es im März sehr kalt wurde. Der Privatwohltätigkeit, also dem wohltätigen Schulverein, fehlen dafür die Mittel[3]". Desgleichen im Jahresbericht des Vereins für 1907: während der sehr kalten Wochen zu Anfang des Jahres wurde eine zeitlang an bedürftige Kinder warme Milch zum Frühstück verteilt. **Es ist bedauerlich, daß mangels genügender Mittel dieses nicht den ganzen Winter hindurch geschehen konnte.**

Danach ist anzunehmen, daß in 15 weiteren Gemeinden, die keine Angaben über frühstücklose Kinder machen, die Sachlage nicht günstiger ist als in Hamburg.

Die Zahl von 1860 oder 0,6% frühstückloser Kinder, schlimm genug wie schon sie wäre, erscheint deshalb selbst für die einbezogenen Städte als viel zu niedrig. Bedenkt man, daß hier von 525 Städten mit mehr als 10 000 Einwohnern überhaupt nur 125 berichten; bedenkt man, daß kleinere Stadt- und Landgemeinden ganz ausfallen; erinnert man sich dabei des vorliegenden allgemeinen Tatsachenmaterials über Heimarbeiterelend und ländliche Jugendnot[4], so ist zu befürchten, daß die Tabelle den Umfang des Mißstands nicht annähernd kennzeichnet.

Es liegt hierfür noch eine Stichprobe vor durch eine Erhebung, die der ostdeutsche Frauentag im Winter 1908/09 dankenswerterweise in den Provinzen Ost-, Westpreußen und Posen veranstaltet hat. Fragebogen gingen an:

---

[1] Siehe S. 33 dieser Schrift.
[2] Vgl. S. 36.
[3] Fischer a. a. O., S. 39.
[4] Vgl. S. 6.

66 Städte und 45 Landgemeinden in Ostpreußen,
55   „   „ 216   „   „ Westpreußen,
130   „   „ 100   „   „ Posen.

Es antworteten:
46 Städte und 10 Landgemeinden aus Ostpreußen,
33   „   „   3   „   „ Westpreußen,
54   „   „ 20   „   „ Posen.

Bei aller Vorsicht der Schlüsse besagt es doch mehr als genug, daß sich in Ostpreußen 116 oder 0,5%, in Westpreußen 847 oder 1,9%, in Posen 815 oder 1,7% frühstückloser Schüler fanden.

Danach waren in diesen drei Provinzen von 111601 Schülern aus 133 zumeist Kleinstädten und 33 Landgemeinden frühstücklos: 1778 gegen 1860 von 311735 Schülern in den 73 Städten mit über 10000 Einwohnern der Kaup'schen Tabelle.

Dabei zeigen die Antworten auf die Fragebogen des ostdeutschen Frauentags offensichtlich den Wunsch, die Schulspeisung aus später zu erörternden Gründen als überflüssig zu erweisen. So sind z. B. gerade in Westpreußen mit der größten Zahl frühstückloser Schüler die Ernährungsverhältnisse vielfach als gut bezeichnet. In zwei Orten bekommt eine kleine Schülerzahl dort durch außerhäusliche Fürsorge Kaffee und Brot. In Ostpreußen und Posen geben der Vaterländische Frauenverein und der Vinzensverein, in je sechs Orten, ein Milchfrühstück.

Auf häufige Frühstücklosigkeit in kleineren Städten läßt übrigens auch die Kaup'sche Tabelle schließen. Ist doch an den 0,6% frühstückloser Kinder Hohenlimburg mit dem Höchstsatz von 4,3, Lüneburg von 2,9% beteiligt. Den Rekord schlägt Sangerhausen mit 6,6% (108) frühstückloser Schülern im Sommer.

Schon nach den Feststellungen des Dr. Bernhard für Berlin schien es, daß das Bedürfnis im Sommer mit 6,4% frühstückloser Schüler (gegen rund 7% im Winter) nicht wesentlich ebbe. Nach der Kaup'schen Sommertabelle erreicht die Frühstücklosigkeit 1% in 52 Städten mit 219563 Schülern, gegen die 0,6% in den 73 Städten mit 311735 Schülern der Wintertabelle. Absolut waren danach im Sommer 2048 Schüler frühstücklos, gegen 1860 im Winter[1]. Die Differenz ist wesentlich auf die im Sommer meist ausfallende öffentliche Fürsorge zurückzuführen. Noch über Sangerhausen hinaus, geht von den größeren Städten Straßburg i. E. mit 8% frühstückloser Schüler. Oberhausen mit 1,8 Weißenfels und Elberfeld mit 1,5 Dortmund mit 1,4% hatten im Sommer prozentual mehr frühstücklose Kinder, als Berlin mit 1,4% im Dezember 1907 und 1% im März 1908.

Art des häuslichen Frühstücks. Wie steht es nun um die Art des häuslichen Frühstücks? In 80,5% der Fälle bestand es aus Malz- oder Bohnenkaffee, meist wohl aus Zichorienabsud mit wenig Milch, etwas Zucker und einer Schrippe. Nur 10% der Schüler erhielten

---
[1] Vgl. die Tabellen XVa, XVb mit der Tabelle XVI, a. a. O.

4. Die Unzulänglichkeit der heutigen Schulspeisung. 41

Milchfrühstück; 3,4% zur Hälfte eine Frühstücksuppe, zur Hälfte Tee oder Kakao.

Schüler ohne warme Mittagkost im Winter und Sommer. Im Gegensatz zum Frühstück weist die vorliegende Statistik einen etwas günstigeren Stand im Sommer als im Winter auf, betreffs des warmen häuslichen Mittagbrotes: 92,8% erhielten im Winter, 95,9% der Schüler im Sommer ein solches. Nur einen kalten Imbiß hatten im Sommer 6462 oder 3,1%, im Winter 21978 oder 4,9%. Dazu kommt (eine Rubrik, die in diesem Zusammenhang für das Frühstück fehlt), daß im Sommer nur 1% (2386), gegen 2% (8869) im Winter, außerhäuslich mit warmer Kost versorgt wurden. Demgemäß ließe sich ein Abflauen des Bedürfnisses im Sommer annehmen. Daß es zu allgemeinen Schlüssen nicht berechtigt, zeigen einmal die ungünstigen Verhältnisse einzelner Städte im Sommer:

Königshütte . . mit 5,2% (606) Schülern ohne warme Mittagkost,
Weißenfels . . „ 6,0 „ (205) „ „ „ „
Wilhelmshaven . „ 8,6 „ (156) „ „ „ „
Blankenburg . . „ 17,0 „ (160) „ „ „ „
Zehlendorf . . „ 23,8 „ (286) „ „ „ „
Gießen . . . „ 49,5 „ (99) von 185 Schülern nur einer befragten Schule eines Armenviertels.

Noch blasser wird der Vorzug des Sommerstandes dadurch, daß seltener als im Winter die fehlende warme Mittagmahlzeit durch warme Abendkost ersetzt wird. Einen solchen Ersatz hatten nur 4196 oder 1,8% von 6462 oder 3,1% der Schüler; 1,3% bekamen weder mittags noch abends etwas Warmes. In Gießen erhalten 45 der 49 Kinder den Abend Ersatz, in Zehlendorf die Gesamtzahl, in Weißenfels dagegen nur der dritte Teil; für Königshütte und Blankenburg muß die Zahl der Schüler ohne warmes Mittagessen mit 5,2% und 17% noch zu niedrig angegeben sein, da für 5,5 und 21,9% Ersatz verzeichnet ist. In Wilhelmshaven erhalten von den 156 Schülern nur zwei Ersatz.

Im Winter ist an der Zahl der Kinder ohne warme Mittagkost am stärksten beteiligt:

			Als Ersatz erhalten warmes Abendessen:
Freiburg . . .	mit	4,1 % (213)	2,3% (116)
Eisleben . . .	„	4,4 „ (157)	2,1 „ (74)
Danzig . . .	„	6,6 „ (1148)	—
Nowawes . . .	„	15,14 „ (456)	15,1 „ (446)
Wandsbeck . .	„	20,3 „ (957)	11,3 „ (925)
Stötteritz . . .	„	20,7 „ (557)	20,7 „ (557)

Also nur in Nowawes und Stötteritz haben fast alle Kinder ohne warme Mittagkost abends einen Ersatz.

Sehr stark ist mit 14119 oder 13,8% auch Hamburg an der Zahl der Schüler ohne warme Mittagkost beteiligt, von denen 10592 oder 10,6% einen Ersatz erhalten. 2527 Schüler bleiben also ohne jede ordentliche Mahlzeit. Die öffentliche Fürsorge, die sich auf 1290 oder 1,2 % der Hamburger Kinder erstreckt, erfaßt somit nicht entfernt die Bedürftigen. Wie schon beim Frühstück sehen wir auch hier, daß die private Wohltätigkeit trotz der Beihilfe der öffentlichen Armenpflege den gestellten Anforderungen in Hamburg nicht gewachsen ist. Der Fischersche Bericht läßt erkennen, daß die Schuld keineswegs beim „Wohltätigen Schulverein" liegt, der tut, was in seinen Kräften steht[1].

Der kalte häusliche Imbiß der Kinder besteht durchschnittlich aus Brot und Wurst, Butterbrot, Fettbrot, Brot oder Butterbrot mit Kaffee, Brot mit Käse oder nur aus Brot.

Immerhin erhalten im Winter von insgesamt 21 978 Schülern ohne warmes Mittagbrot 13 900 abends Ersatz.

Überhaupt ohne Abendessen blieben im Winter 1055 (0,4 %), im Sommer 1344 (0,6 %) der Schüler. Daran ist im Winter Würschen mit dem Höchstsatz von 4,5, im Sommer Tarnowitz und Königshütte mit 1,7 und 1,2, Elberfeld mit 1,4 % beteiligt.

Grade Elberfeld verhielt sich zur Zeit der Straßburger Verhandlungen über das Cuno'sche Referat vom Jahre 1896 sehr ablehnend gegenüber der Schulspeisung. Sein Vertreter erklärte damals, eine geordnete Armenpflege gebe jeder Familie, was sie zum Leben nötig hätte[2]. Umsomehr überraschen hier:

1,5 oder 323 Schüler ohne erstes Frühstück (2044 erhalten ein Frühstück in der ersten Pause); 256 oder 1,2 % Schüler ohne warmes Mittagbrot, von denen nur 65 (0,3 %) abends Ersatz erhalten und 288 oder 1,4 %, die hungrig zu Bett gehen.

Zweites Frühstück. Über das zweite Frühstück finden sich bei Raup noch folgende Angaben:

Ohne ein solches bleiben in 87 preußischen Städten im Winter 6342 (3,2 %), im Sommer 7234 (4,3 %); in 82 außerpreußischen Städten im Winter 5831 (10,8 %), im Sommer 1759 (5,6 %); im Durchschnitt im Reich 4,8 % im Winter, 4,6 % im Sommer. Für Berlin waren im Dezember 1907 3,1 % Schüler ohne zweites Frühstück ermittelt worden.

Durch öffentliche oder private Fürsorge erhielten im Winter 1,4 %, im Sommer nur 0,2 % ein Zehnuhr=Frühstück. Auch hier also wieder die für die übrigen Mahlzeiten festgestellte Erscheinung, daß im Sommer die öffentliche Fürsorge vielfach eingestellt wird.

Die Ursachen des mangelnden häuslichen Frühstücks. An der Hand des zweiten Erhebungsformulars ist die Frage nach der Ursache der mangelnden häuslichen Fürsorge noch einmal aufgeworfen. Das Bild ist hier aus naheliegenden Gründen ein etwas anderes. Zunächst weil hier nur das mangelnde erste Frühstück ursächlich behandelt ist. Bei ihm spielen an sich Übereilung und Nervosität der Kinder, bei weiten Schulwegen namentlich, und Nachlässigkeit der Mütter,

---

[1] Fischer, a. a. O., S. 36 ff.
[2] Verhandlungen, a. a. O., S. 79.

4. Die Unzulänglichkeit der heutigen Schulspeisung.

durch die Versäumnis zeitiger Fürsorge, die größte Rolle. Für 68 Städte kam die erste Ursache im Winter 934 (35 %) mal in Betracht; aber auch das mütterliche Verschulden übersteigt mit 600 oder 23 % der Fälle den 567 mal (21 %) durch Armut, Arbeitslosigkeit oder Krankheit der Eltern verursachten Mangel. Im Sommer verschiebt sich das Bild insoweit, als die letzte Ursache mit 579 oder 27 % wieder einigermaßen über die Nachlässigkeit mit 400 oder 20 % hinausgeht.

Daß die mütterliche Nachlässigkeit in diesem Zusammenhang einen so großen Raum einnimmt, erklärt sich wohl auch daraus, daß es sich hier vielfach um Familien handelt, die mit Rücksicht auf ihr schuldhaftes Verhalten schon von der Armenpflege (und unter armenpflegerischen Gesichtspunkten mit Recht) abgelehnt wurden. Schließlich wird man, wie es psychologisch erklärlich und aus analogen Fällen erweislich ist, bei Angaben über die unversorgten Kinder leicht geneigt sein, das soziale Gewissen durch die bequeme Annahme elterlichen Verschuldens zu entlasten. Immerhin muß diese Ursache, die schon bei den Untersuchungen Bernhards sich stark geltend machte, bei dem Schulfrühstück besonders beachtet werden. Ebenso wie das entschiedene Hervortreten von Übereilung und Nervosität, das im Winter sogar 42 % ausmacht; sicher ist die Hast der Kinder meist durch weite Schulwege veranlaßt, fällt also mit dieser an anderer Stelle schon veranschlagten Ursache der Schülernahrungsnot zum Teil zusammen[1]. Unter Würdigung der hier vordrängenden Ursachen: Hast der Kinder und mütterliche Nachlässigkeit erscheint das teils entgeltliche Milchfrühstück nach dem Stuttgarter System als die durchaus wünschenswerte Einrichtung. Um so mehr, als namentlich im Winter noch die außerhäusliche Arbeit der Mütter mit 475 oder 18 % der Fälle, im Sommer nur 176 oder 8 %, ins Gewicht fällt. Traurig, daß in 82 Fällen im Winter, in 43 im Sommer, als Ursache gewerbliche Arbeit der Schulkinder verzeichnet ist. Das ist ein Martyrium. Ist die Armut in einer ihrer traurigsten Erscheinungsformen.

Ursachen des fehlenden warmen Mittagessens. Kaup betont, daß wie für das fehlende Frühstück, so auch für das fehlende warme Mittagessen die außerhäusliche Erwerbtätigkeit der Mütter im Winter mehr ins Gewicht fällt, als im Sommer. Das bestätigt nur eine dem Sozialpolitiker vertraute Tatsache. Im Winter ist einmal die stärkere männliche Arbeitslosigkeit in vielen Saisonindustrien (Bautätigkeit, Malergewerbe usw.) auszugleichen, auf der andern Seite sind die Ausgaben (Feuerung, Licht, Kleidung) höher. So sehen wir auch hier wieder im kleinen Ausschnitt bestätigt, was die Gewerbeaufsicht längst zahlenmäßig für ganz Deutschland festgestellt hat: Nicht etwa Neigung, sondern bitterer Zwang entreißt die Frauen dem häuslichen Herd und den mütterlichen Pflichten, denen sie sich wieder zuwenden, sobald der Mann genügend verdient. Das sollte man bei der Beurteilung der Volksseele in Anschlag bringen, wenn man in Furcht vor der Schädigung

---

[1] Vgl. S. 2 dieser Schrift.

elterlicher Verantwortung die notwendig gewordene öffentliche Fürsorge aufzuhalten sucht.

Die Minderwertigkeit der häuslichen Ernährung. Kaup bemerkt schließlich, daß der erschreckend hohe Prozentsatz von 80,5 % der Fälle eines minderwertigen Kaffeefrühstücks oder dergl. in der Unkenntnis und Gleichgültigkeit der Mütter, sowie der Reklame für Surrogate und dem Eindringen schlechter Kolonialwaren begründet sei. Das stimmt zweifellos zum Teil.

Die Steigerung der Lebensmittelpreise. Nur vergißt Kaup die entscheidende Ursache: Die Billigkeit der Surrogate, die bei der allgemeinen Steigerung der Lebensmittelpreise in den Kreisen ohne entsprechend erhöhte Kaufkraft, das letzte Wort hat. Jeder Konsumgenossenschafter weiß, wie die Schundware des kleinen unterbietenden und kreditierenden Händlers das Eindringen des Konsumladens in die ärmste Bevölkerungsschicht erschwert. Und es ist eine Binsenwahrheit, daß die Preise für Brot, Milch und Fleisch in den letzten zehn Jahren in einem Verhältnis gewachsen sind, das durch die Erhöhung der Löhne nur für die bestgestellten Arbeiter aufgewogen wird. Stiegen doch allein die Milchpreise von durchschnittlich 16 bis zu 22 Pf. pro Liter. Dazu die wachsend hohen Mieten, die auf Kosten der übrigen Lebenshaltung aufgebracht werden. Demgemäß steht fest: die entscheidende Ursache der minderwertigen Ernährung ist nicht die Unkenntnis der Mütter und das Eindringen von reklamehaft vertriebenen Surrogaten, sondern die in allen Kreisen beklagte Teuerung gerade der notwendigsten Unterhaltsmittel.

Mag die Aufklärung und Belehrung der Eltern über Nährwerte, über die billigsten und besten Formen der Beschaffung und Zubereitung von Nahrungsmitteln, mag auch der Kampf gegen das Reklameunwesen von noch so großem Nutzen sein, so ist dem Übel mit hauswirtschaftlichen Palliativen doch nicht beizukommen, so lange nicht seine sozialwirtschaftlichen Ursachen behoben sind.

Die Vereinstätigkeit in einzelnen Städten. Die Unstimmigkeit in der Handhabung der Schulspeisung, dieser elementarsten Schulfürsorge, die zunächst verhindern soll, daß Kinder nüchtern in der Pflichtschule sitzen, gleichsam unter Staatsaufsicht hungern, tritt schärfer noch als durch Zahlen durch städtische Einzelvergleiche ins Bewußtsein.

Hamburg. Sehen wir zunächst, warum Hamburg, eine der ersten Städte, wo die freie Liebestätigkeit sich der Schulspeisung annahm, mit seinen Erfolgen so ungünstig abschneidet[1]. Hamburg ist hier nicht fortgeschritten, weil es die Schulspeisung vollständig unter armenpflegerischen Gesichtspunkten behandelt. Schließt doch der Wohltätige Schulverein, in prinzipiellem Gegensatz zu Berlin und Charlottenburg, Kinder aus, deren Eltern dauernd Armenunterstützung empfangen. Die Armenbehörde unterstützt den Verein mit 16 000 Mk. Das ist die ganze städtische Be-

---

[1] Vgl. S. 39, 41/42.

4. Die Unzulänglichkeit der heutigen Schulspeisung.

teiligung, während z. B. (von Stuttgart und Mannheim gar nicht zu reden) Hannover allein für Milchfrühstück 15 000 Mk. auswirft. Der Verein selbst erklärt die Gesamtaufwendung von 33 915 Mk. für viel zu gering, allerdings im Gegensatz zu der Mehrzahl der Rektoren. Daß der Verein recht hat, haben die Kaup'schen Erhebungen bewiesen. Auch konnte ein Vergleich mit München, Berlin und anderen Großstädten keinen Zweifel darüber belassen.

Prüfen wir nun, warum bei Kaup unter den Berichterstattern vom Süden bis zum Norden die Residenz Karlsruhe, Großstädte wie Cöln und Königsberg, fehlen.

Karlsruhe. Nach der Cuno'schen Tabelle von 1896 erhielten in Karlsruhe damals 45 Schüler ein Frühstück seitens der Schule. Ob es dabei verblieb, ist mir nicht bekannt. Jedenfalls ist man trotz der Vorbilder von Stuttgart und des benachbarten Mannheims nicht darüber hinausgekommen. Erst im Frühjahr 1908 brachte Frau Sonja Kronstein, als Beauftragte des Vereins Frauenbildung, Frauenstudium, die Frage ins Rollen. Ihrer unentwegten Tatkraft gelang die Bildung einer Schulspeisekommission aus namhaften Sachkennern; doch blieben deren Bemühungen um eine städtische Erhebung zunächst erfolglos, weil ein Bedürfnis nach Schulspeisung bestritten wurde.

Inzwischen hatten Oberlehrer und Schularzt in einer Gemeindeschule aus eigenem Antrieb 60 frühstücklose Schüler festgestellt. Ein neuer Bürgermeister zeigte sich den hieran geknüpften Vorstellungen geneigt. Da sich jetzt eine Anzahl Lehrer aus wenig haltbaren Gründen gegen eine Erhebung erklärte, ward beschlossen, die Schulspeisekommission mit der Organisation einer Mittagspeisung zu Lasten der Stadt, zunächst für etwa 100 bis 150 Kinder zu betrauen. Die Kommission sieht in diesem Auftrag einen ersten Vorstoß und hofft im Oktober des Jahres mit der Speisung zu beginnen.

Ist es nicht widersinnig, daß Einrichtungen, die sich in benachbarten Städten glänzend bewährt haben, sich hier nur mit unsäglicher Mühe und vorerst als tastende Halbheit erringen lassen?

Cöln. Auf ähnliche durch örtliche Verschiedenheiten noch weniger motivierte Gegensätze treffen wir im Rheinland. Düsseldorf, das 1896 an 1000 (4%) Schüler Mittagsuppe austeilte, versorgt jetzt 2450 oder 7,4% teils mit Früh-, teils mit Mittagkost. Cöln blieb schon damals mit 550 gespeisten Kindern fast um die Hälfte hinter der Nachbarstadt zurück. Seither hat sich das Verhältnis noch zu seinen Ungunsten verschoben. Etwa 1050 Schüler erhalten durch verschiedene Vereine auf dem einen oder andern Wege Mittagbrot; in einzelnen Schulen sorgen Rektoren und Lehrer für einen Morgenimbiß. Die Zahl der nüchtern bleibenden Kinder wird auf einige Hundert geschätzt. Eine Prüfung der Sachlage ist einem gemischten Ausschuß (Schul-, Armen- sozialpolitische und Finanzkommission) übertragen worden.

So ist in Karlsruhe und Cöln, wenn auch spät, so doch Wandel zu erhoffen.

Königsberg. Weit ungünstiger ist die Sachlage in Königsberg, wo 1896 von 12 000 Schülern 2400 oder 20% teils Früh-, teils Mittagskost erhielten. Diese Speisung ward in wechselndem Umfang mit einer städtischen Auslage von 2000 bis 3000 Mk. für Frühstück fortgesetzt. Daneben speist die 1894 von Prof. Walter Simon gegründete und seither allein unterhaltene Kindervolksküche pro Tag 100 bis 150 Schüler im Turnus; das heißt: sie müssen täglich, wöchentlich oder monatlich wechseln, damit alle bedürftigen Kinder wenigstens von Zeit zu Zeit an die Reihe kommen. Ein Zustand, der, bei voller Würdigung dieser Schöpfung eines Philanthropen, ihre Unzulänglichkeit (er selbst erkennt sie als Notbehelf) schlagend erweist. Im Frühjahr 1908 ward von amtlicher Seite erklärt, daß ein Notstand bei den rund 20 000 Schülern nicht bestehe; die städtische Speisung habe sich als ungeeignet erwiesen und sei von den Eltern bemäkelt worden. Eine Eingabe des Vereins Frauenwohl, die um Prüfung des Sachverhalts einkam, ward abschlägig beschieden.

Im November 1908 erschien besungeachtet, wie in früheren Jahren, ein Aufruf in den Zeitungen, der um Beiträge für ein Schulfrühstück bat: 80 bis 100 Gesuche gingen täglich ein; die laufenden Mittel des Armenunterstützungsvereins seien nicht im stande, der „heutigen wirklichen Not" auch nur annähernd zu steuern.

Die Landflucht. Diese Not stammt indes nicht von heute. Vielmehr weist gerade in dem notorisch armen Königsberg alles darauf hin, daß hier eine systematische Schulspeisung so dringend erforderlich ist, wie nur irgendwo. Daß einschlägige Forderungen auf so hartes Brachland fielen, erklärt sich aus den allgemeinen sozialpolitischen Verhältnissen, namentlich aus der Abwanderung vom Lande.

Überaus interessante Aufschlüsse hierüber gibt Mulert in seinem Buch: „Vierundzwanzig ostpreußische Arbeiter und Arbeiterfamilien. Ein Vergleich ihrer ländlichen und städtischen Lebensweise"[1]. Es handelt sich um ungelernte vom Lande zugezogene Arbeiter, aber um die besten und besonnensten ihres Standes. Nur in einer Familie waren sechs Kinder, die übrigen mit einem Kind, zwei, drei und vier Kindern, blieben hinter dem Durchschnitt der Kinderzahl in deutschen Arbeiterfamilien zurück. In den meisten Fällen war der Miterwerb der Frau erforderlich. „Mit jedem Kind verschlechterte sich die Ernährung." Unzulänglich oder knapp ausreichend war sie bei je vier, völlig befriedigend oder darüber bei je fünf Familien mit der geringsten Kinderzahl oder bei besonders anstrengender Arbeit beider Gatten. „Daß Schulden vermieden wurden, war nur dem ordentlichen Sinn dieser Leute zu verdanken." Die Schlüsse auf den allgemeinen Ernährungsstand weniger tüchtiger oder weniger gesunder Arbeiter mit größerer Kinderzahl liegen auf der Hand.

Nach Mulert haben seine Arbeiterfamilien, solange sie kleine Kinder hatten, auf dem Lande besser gelebt, weil dort jedes Kind unter 16 Jahren einen Zuwachs an Arbeitkraft bedeutet.

---

[1] Jena 1908.

4. Die Unzulänglichkeit der heutigen Schulspeisung.

In Königsberg sind nun 80% aller Arbeiter vom Lande zugewandert. Da die ganze Bevölkerungszunahme in Ostpreußen auf die Städte fällt, die Landbevölkerung von 1895 bis 1900 um 200000 Personen sank, fürchtet man mit jeder städtischen Fürsorge der Landflucht Vorschub zu leisten. Hieraus erklärt es sich, warum man sich in so vielen ostpreußischen Stadt- und Landgemeinden geradezu vor der Schulspeisung bekreuzigt. Die erwähnte Erhebung über die Ernährungsverhältnisse der Schüler in den Provinzen Ost-, Westpreußen und Posen, vom Frühjahr 1909[1], weist eine ganze Blütenlese grotesker Abweisungen auf, die fast alle die Landflucht betreffen, die ländlichen Arbeiterverhältnisse als wahre Idylle schildern. Steckt nun auch ein Kern von Wahrheit darin, so kann man doch den Teufel nicht mit Beelzebub austreiben, kann die Stadtkinder nicht hungern und verkümmern lassen, weil ihre Eltern vielleicht zu Unrecht vom Lande abgewandert sind. Lautet doch ein amtlicher Bericht aus einem ostpreußischen Ort: „Hauptnahrung der Kinder Zichorienkaffee mit Brot oder Semmel. Im Sommer geht es, im Winter kommen aber viele ohne Frühstück zur Schule, da die Eltern zu arm sind, um Brot und Mehl kaufen zu können"[2].

Allein auch die Landverhältnisse, besser wie sie in manchen Gegenden sein mögen, entsprechen nicht allenthalben den rosigen Schilderungen. So berichtet Mulert von acht seiner tüchtigen Arbeiterfamilien, daß durch die Landarbeit der Frauen von einem geordneten Hauswesen keine Rede sein konnte. Die kleinen Kinder mußten notdürftig bei einem Nachbar untergebracht werden. Das Essen war häufig schlecht zubereitet und das Leben der jungen Mütter überaus anstrengend. — Auch die Erhebung des ostdeutschen Frauentags hat trotz der Voreingenommenheit vieler Berichterstatter und auch dann, wenn man sie, wie empfohlen wird, mit Vorsicht nimmt, einen Prozentsatz schlecht versorgter Schüler ergeben, der zu denken gibt.

Die Schülernahrungsnot auf dem Lande. Auf die ländliche Schülernahrungsnot im allgemeinen ist im ersten Teil dieser Schrift eingegangen[3]. Doch sei hier in Ermangelung eines umfassenden Erhebungsmaterials noch auf einzelne Untersuchungen aus dem Jahre 1908 verwiesen. Im Juli ward dem badischen Landesboten von einem Lehrer in einem größeren Landort mitgeteilt, daß seine auf zwei Klassen verteilten 100 Schüler von zehn bis elf Jahren zum Teil von 2 Uhr nachts ab Feldarbeit verrichten. Dabei werde durch die Arbeit der Mütter den Kindern vielfach nur unzureichende kalte Kost zu teil. „Gar manche Schüler kommen um 1 Uhr mittags zur Schule, nachdem ihr ganzes Mittagsmahl in einem Stück Brot und einem Glas Most bestand, weil sich niemand der Angehörigen Zeit zum Kochen nahm." Gerade in der Landwirtschaft hat

---
[1] Siehe oben S. 39/40.
[2] Schularzt Dr. Lewandowski, Ausübung und Ergebnisse der Schulhygiene in den Volksschulen des Deutschen Reiches nach dem Stande vom Sommer 1908. Deutsche Zentrale für Jugendfürsorge.
[3] Siehe oben S. 12 ff.

nun die Frauenarbeit am stärksten zugenommen; im Hauptberuf von 1895 bis 1907: um 1 845 832 (67,04 %). Die landwirtschaftlichen weiblichen Arbeitskräfte wuchsen um 1 866 340 (78,5 %), hauptsächlich durch die Beteiligung der weiblichen Familiengehörigen, besonders der Ehefrauen[1].

Wie ungleich entweder die Verhältnisse oder die Zulänglichkeit der Untersuchungen sind, zeigen folgende Mitteilungen: Nach schulärztlichen Untersuchungen des Kreisarztes Dr. Dorn in Hannover ist es dort auf dem Lande völlig unbekannt, daß Kinder ohne warmes Frühstück zur Schule kommen. Dagegen hat der Schularzt Dr. Gros für den als wohlhabend geltenden Bezirk Schwabmünchen in Bayern (der erste aller bayrischen Landbezirke, der einen Schularzt angestellt hat), von 1789 Kindern 61 % als mangelhaft ernährt bezeichnet. Das erste Frühstück und die Abendkost seien fast durchweg völlig unzureichend. Besonders falle bei der Ernährung der Milchmangel auf, da der ganze Milchvorrat zum Verkauf in die Großstadt gehe. In dieser Unterernährung erblickt Dr. Gros den besten Boden für die Entwicklung aller Arten von Krankheiten; auch die schlechte Beschaffenheit der Zähne bei 1592 der Kinder sei eine Folge der schlechten Ernährung[2].

Der letzte Bericht der Berliner Schulärzte betonte, daß die Kinder ihren krankhaften Zustand schon vor dem schulpflichtigen Alter erwerben[3]. Das besagt nur, wie wenig mit dem bloßen Säuglingsschutz getan ist. Wenn erst die Säuglingssterblichkeit kinderreiche Familien nicht mehr in dem Maße entlastet, wie bisher, wird sich mit der erhöhten Zahl der Esser die Portion des einzelnen noch verkleinern und eine fortlaufende Unterstützung noch notwendiger werden. Wie sie innerhalb der Familie vor dem schulpflichtigen Alter zu bewirken ist, bedeutet, wie schon berührt ward, ein Problem für sich. Im Falle der Schulkinder liegt die Sache einfacher, ist die Notwendigkeit durch die Ansprüche der Schule an Geistes- und Körperkräfte eine noch unbedingtere[4]. Bringt doch die Volksschulpflicht die Kinder vom sechsten Jahre an unter öffentliche Aufsicht. Sie stellt uns damit vor die Entscheidung, entweder, wie in der Stadt so auf dem Lande, die gebotene Gelegenheit zur Förderung der nationalen Gesundheit sofort zu nutzen, oder sie mit einem Wechsel auf die Zukunft durch einen Kräfteverbrauch ohne Kräftezufuhr für eine weitere Generation zu schädigen.

---

[1] Reichsarbeitsblatt Februar 1909, Nr. 2. Einige Ergebnisse der Berufszählung vom 12. Juni 1907 im Deutschen Reiche.

[2] Medizin. Reform, Jahrg. 17, Nr. 17. Berlin, 29. April 1909. Bemerkenswerte Berichte zur Schularztfrage.

[3] Dr. Paul Meyer, Bericht über die Tätigkeit der Berliner Schulärzte, Berlin 1909. Siehe hierzu auch Hüls, Über die bisherigen positiven und negativen Erfolge der Schularzteinrichtung. Med. Reform Nr. 11, Jahrg. 18.

[4] Vgl. hierzu Teil I, S. 3.

5. Der allgemeine Ernährungszustand und die Schulspeisung.

Schwierigkeit der Feststellung des Ernährungszustandes. Der menschliche Körper kann sich nach Rubner einer Unterernährung allmählich anpassen, ohne daß sofort Krankheitserscheinungen oder mangelnde Leistungsfähigkeit eintreten. Amerikanische Sanitätsinspektoren bemerken zur Frage der Schulspeisung, ein Kind könne längere Zeit hungern, ohne daß selbst Ärzte akute Unterernährung nachzuweisen vermöchten[1]. Auch Gastpar meint, es gäbe wohl kaum einen Schularzt, dem nicht gerade die Rubrizierung des Ernährungszustandes besonders am Anfang seiner Tätigkeit große Schwierigkeiten gemacht hätte.

Hierauf führt er die geringe Berücksichtigung des Ernährungszustandes in den Schularztberichten, die in der Tat überraschend ist, zurück[2].

Unter diesen Einschränkungen muß das Erhebungsmaterial im zweiten Teil der Kaup'schen Arbeit über den allgemeinen Ernährungszustand[3] gewertet werden. Kaup selbst betont das. Zur Ergänzung der meist von der Lehrerschaft gegebenen Antworten zieht er die schulärztlichen Berichte soweit als möglich heran.

Schlecht genährte Schüler. Nach den Lehrerermittelungen war der Ernährungszustand:

In 42 preußischen Städten bei 90 725 Schülern:

im Winter:		im Sommer:	
gut	80,0%	gut	77,7%
leidlich	14,8%	leidlich	18,3%
schlecht	5,2%	schlecht	4,0%

In 22 außerpreußischen Städten bei 78 318 Schülern:

im Winter:		im Sommer:	
gut	62,7%	gut	68,5%
leidlich	32,2%	leidlich	28,7%
schlecht	5,1%	schlecht	2,8%

Hiervon getrennt vorliegende ärztliche Untersuchungen in drei dieser 64 Städte zeigen ein viel schlechteres Ergebnis als die Lehreruntersuchungen:

nur 39% gut, 56% leidlich, 5% schlecht.

Nach den Schularztberichten für 19 Städte waren sogar 8,4% Kinder in schlechtem, 49,8% in mittlerem und nur 41,8% in gutem Ernährungszustand.

Des weiteren ward festgestellt, daß von 133 439 befragten Schülern in 20 deutschen Städten im Winter 117 oder 0,1%, im Sommer von 177 383 Schülern in 23 Städten 328 oder 0,2% schon zum Frühstück Alkohol erhielten.

---

[1] Vgl. S. 53/54 dieser Schrift.

[2] „Vergleicht man schulärztliche Berichte verschiedener Herkunft, so zeigen sich sowohl in der Auffassung der Krankheitserscheinungen als auch in der Beurteilung des Ernährungszustandes so weitgehende Unterschiede, daß man bis jetzt tatsächlich noch nicht gewagt hat, derartige vergleichende Untersuchungen auf statistischem Wege zu verwerten." Dr. Gastpar-Stuttgart: Die Beurteilung des Ernährungszustandes der Kinder. Zeitschrift für Schulgesundheitspflege, Nr. 11, Hamburg 1908.

[3] c. Allgemeiner Ernährungszustand. S. 95 ff., a. a. O.

Regelmäßig des Mittags nahmen Alkohol 2,8 % im Winter, 4,0 % im Sommer; abends 6,4 und 5,2 %; und zwar kommt hier auf die außerpreußischen Städte der hohe Satz von 7,8 gegen 4,3 % in Preußen.

Die Frage, ob ungenügende Nahrungszufuhr das einzelne Kind und, bei häufigem Vorkommen, die gesamte Klasse beeinträchtige, ist in 66 % der Fälle bejaht; durchweg wurden das geringere Körpergewicht, die geringere Körperlänge und das schlechtere Aussehen der mangelhaft genährten Kinder betont. In Hildesheim ward ermittelt, daß in den sieben Schulklassen „zwischen den normalen und den unterernährten Kindern der Unterschied in Körpergewicht und Länge von der siebenten bis zur ersten Klasse allmählich zunimmt und zwar von 2,4 kg bezw. 3,1 cm bis zu 8,5 kg bezw. 10,3 cm.

Dieses durch sehr eingehende Untersuchungen erhaltene Ergebnis[1] deckt sich mit der Aussage eines englischen Sachkenners, der das Alter von 10 bis 15 Jahren kritischer als jede andere Periode des Kindesalters erachtet[2]. Wenn auch der Beginn ungünstiger Gesundheitsverhältnisse schon in die vorschulpflichtige Zeit fällt[3], so würde doch die Steigerung in den Schuljahren auf deren besondere Bedeutung für die gesunde Körperentwicklung im Sinne des englischen Arztes schließen lassen. Jedenfalls gibt die Schulpflege die Möglichkeit, manches bis dahin Versäumte nachzuholen.

Günstiger Einfluß der Schulspeisung. Auf der Konferenz der Zentralstelle für Volkswohlfahrt im Mai 1909 hat Rubner ausgeführt, daß bei chronisch schlechter Ernährung die Schärfe des Denkens und das Gedächtnis leide, die Freude an Spiel und Turnen versage. Dementsprechend sind sich fast alle Speiseverwaltungen, Gemeinden und Schulvorstände einig über die günstige Einwirkung der Schulspeisung auf die körperliche und geistige Frische: besseres Aussehen und bessere Leistungen, auf größere Regelmäßigkeit und Pünktlichkeit des Schulbesuchs. Zahlreiche Jahresberichte geben hiervon erfreuliche Kunde[4].

Vielfach wird lebhaft bedauert, aus Mangel an Mitteln nicht alle bedürftigen Schüler speisen zu können, um sie in ihrer ganzen Wesenheit zu fördern und das Klassenniveau zu heben. Nur vereinzelt verlauten, wie in Königsberg, Klagen über Mißbrauch oder Schwächung der elterlichen Verantwortung. So scheint Freiburg i. Br. aus ähnlichen Gründen[5] seine Schulspeisung eingestellt zu haben. Eine Prüfung des Tatbestands würde wahrscheinlich ergeben, daß die Mißstände im wesentlichen auf der Art der Einrichtung und ihrer Verwaltung beruhen. Im übrigen gibt es keine öffentliche Fürsorge, die nicht Kehrseiten hat und gewisse Gefahren

---

[1] A. a. O., S. 104.
[2] Vgl. Schule und Brot, S. 11.
[3] Meyer, a. a. O., Hüls, a. a. O.
[4] Vgl. Schule und Brot, S. 31, 32. Kaup, Schulspeisung armer Kinder, a. a. O., S. 15. Fischer, a. a. O.
[5] Vgl. Cuno a. a. O.

birgt. Man versuche, ihnen zu begegnen. Entscheidend sind hier nicht die allem Menschlichen anhaftenden Mängel, sondern die soziale Notwendigkeit.

Diese soziale Notwendigkeit der Schulspeisung tritt uns besonders einleuchtend entgegen, wo sich die Ärzte der Schuljugend annehmen. Allerdings hat m. W. bisher nur Dr. Gaspar die günstige Wirkung des Milchfrühstücks auf Körpergewicht und Gesundheitszustand der Schüler genau verfolgt. Analogien bieten aber die Erfahrungen der Walderholungsstätten, die Dr. Lennhoff jüngst an der Hand mehrjähriger Aufzeichnungen und Kurven über Körperlänge, allgemeines Körpergewicht und Zentimetergewicht veranschaulicht hat[1]. Freilich sprechen bei dem günstigen Einfluß der Waldstätten, die kränklichen Schülern 12 Stunden täglich von 7 Uhr morgens bis 7 Uhr abends offen stehen, die gute Luft, die ganze hygienische Behandlung und die stark verminderte Tätigkeit, besonders der Wegfall aller Erwerbsarbeit mit. Dafür handelt es sich hier um kranke Kinder. Und zweifellos ist für die Hebung des allgemeinen Kräftestandes die Ernährung von entscheidender Bedeutung: täglich $1/2$ l Milch außer Milchsuppen, mittags Gemüse mit durchschnittlich ein Pfund Fleisch auf sechs Kinder, im ganzen fünf einfache, aber gesunde Mahlzeiten im Kostenpreis von $37 1/2$ Pf. pro Tagesration. Die Gesamtheit der graphischen Darstellungen zeigt nach Ausscheidung aller Nebenumstände während des Waldstätten-Aufenthaltes eine starke unbedingte Zunahme des Körpergewichts, der eine Abnahme nach der Rückkehr in ungünstige häusliche Verhältnisse gegenübersteht[2]. Somit erscheint der Erfolg der Waldstätten erwiesen. Darüber hinaus tritt uns aus Lennhoffs Darstellungen überzeugend entgegen: **die bringende Notwendigkeit einer fortlaufenden Obsorge nicht nur für die aus den Waldstätten zurückgekehrten, sondern auch für alle übrigen kümmerlich genährten Schüler im Interesse einer normalen Körperentwicklung der Volksjugend.**

Ergebnis der Entwicklung seit 1896. Wir sahen, was in Deutschland wenigstens in den Städten für die Schulspeisung bereits geschehen ist, sahen, was in Stadt und Land zu tun bleibt.

Fassen wir kurz das Ergebnis der Entwicklung seit 1896 zusammen, so zeigen sich sowohl der Zahl als namentlich auch der Art und Organisation nach Fortschritte, die aber noch in keinem Verhältnis zu dem vorhandenen Bedürfnis und der nationalen Bedeutung dieser Fürsorge stehen. Hat doch die überwiegende Mehrzahl der Städte, vom Lande nicht zu reden, überhaupt keine Speiseeinrichtungen.

In erster Linie hat sich erfolgreich das Schulfrühstück im Sinne der Cuno'schen Resolution als schulpflegerische Maßnahme durchgesetzt. Noch immer steht die Vereinstätigkeit an oberster Stelle, ohne jedoch den gestellten Anforderungen genügen zu können. Indes tritt die städtische Be-

---

[1] Versuch einer Methode zur Beurteilung des Erfolgs der Walderholungsstätten bei Kindern. Med. Reform, Jahrg. 17, Nr. 10, 13. Mai 1909.
[2] Für alle Einzelheiten, siehe Lennhoff, a. a. O.

teiligung an den Kosten und dementsprechend an der Verwaltung auch bei der Mittagspeisung mehr hervor, wobei sich eine entschiedene Verdrängung der armenpflegerischen durch die schulpflegerische Handhabung geltend macht. Das gilt besonders für die Städte mit den jüngsten und fortgeschrittensten Einrichtungen. Allein auch sonst ist die Beteiligung der Schule an der Verwaltung und Aufsicht fast überall gewachsen. Trotz dieser und anderer Fortschritte fehlt indes jede Einheitlichkeit des Vorgehens. Gerade da, wo es am nötigsten ist, geschieht vielfach nichts oder so gut wie nichts.

Für die noch zu lösende Aufgabe einer systematischen Ausdehnung der Speisung auf alle bedürftigen Schüler wollen wir nunmehr aus dem Studium ausländischer Erfahrungen neue Anregung schöpfen.

Dritter Teil.
Das Ausland.

Schon im Jahre 1896 hatte sich Cuno angesichts der ausländischen Entwicklung gegen ein abschließendes Urteil über die Gestaltung der Schulspeisung verwahrt. Und doch handelte es sich damals nur um die schwachen Quellen einer Bewegung, die erst in der Folge zu einem starken Strom anschwollen.

Das gilt in erster Linie für Großbritannien, dann für Frankreich. Allein auch in der Schweiz, Österreich, Italien und Skandinavien hat sich die Schulspeisung sehr ausgebreitet. Lehrreich nach der negativen Seite sind die amerikanischen Verhältnisse, die wir, als in ihrer Rückständigkeit vereinzelt, zuerst berühren.

Amerika. In einem Bericht über die unterernährten Schüler in Chicago[1] wird ganz allgemein die Zahl bedürftiger Kinder in armen Distrikten amerikanischer Städte einerseits auf 35%, anderseits auf 10% und darunter geschätzt. In Chicago ward die Sachlage in zwölf Schulen mit rund 10000 Schülern (1/6) geprüft. Mit Rücksicht auf die unterlassenen häuslichen Recherchen zog man 30% vom Ergebnis ab. Blieben von 1178 oder 11% noch 825 oder 7,8% schlecht genährter oder hungernder Schüler. Bei gleichen Bedingungen für alle 54 Schulen Chicagos würde sich ihre Zahl auf 5000 belaufen. Folgenden Bericht gibt der Schulinspektor: 5000 Kinder hungern durchschnittlich, 10000 erhalten keine genügend nahrhafte Kost, 15000 nicht drei volle Mahlzeiten täglich. Sie sind dadurch im Lernen zurück und in der Straffälligkeit voraus. Viele Mütter sparen sich am eigenen Munde für die Kinder ein dürftiges Frühstück ab. Die Kinder suchen oft genug Nahrung in Abfallkisten und sammeln Brotkrumen und Speisereste, die andere Schüler fallen lassen. Einige Kinder blieben 24 Stunden ohne jede Mahlzeit:

„Während Experten über die Wege der Abhilfe streiten, besteht die Tatsache, daß Tausende von Schülern hungern!" —

Die Sanitätsinspektoren, die bei 9000 untersuchten Schülern 108 Fälle von Nahrungsnot feststellten, bemerken hierzu: „Ein Kind kann eine zeit-

---

[1] Chicago Public Schools, Reports on Unterfed Children, Chicago 1908. Bibliothek der Zentralstelle für Armenpflege und Wohltätigkeit. Auf diese amtliche Untersuchung stützen sich die oben mitgeteilten Daten.

lang hungern, ehe es in die Verfassung gerät, die ein ärztlicher Inspektor als akute Unterernährung zu klassifizieren vermag." Trotzdem auch die „Truant Officers", Beamte, welche die häuslichen Ursachen des „Schulschwänzens zu prüfen haben, Schilderungen unerhörten Elendes geben, ist die überwiegende Mehrzahl der vernommenen Sachverständigen nur für Familienunterstützung. Der Bericht zeigt, führt ein Anhänger der Schulspeisung aus, daß nur drei oder vier Wohltätigkeitsvereine für Schulspeisung sind, während die settlements sie viel allgemeiner begünstigen. Er finde hierfür keine andere Erklärung, als die Furcht der Vereine vor einem Eingriff in ihre Arbeitsphäre. Auch sei ihm völlig unverständlich, „wie sie alle häusliche Armut, die sie, wie es scheint, erreichen zu können glauben, wirklich erreichen wollen."

In New York trafen Mitglieder der Schulbehörde im Jahre 1908 Dringlichkeitmaßnahmen für Hunderte von Schülern, eröffneten in aller Eile zwei Schulküchen. Die Mittel wurden nur zum Teil bewilligt. Das fehlende Geld erwartete man aus freiwilligen Beiträgen, nachdem Berichte über Kinder, die aus Nahrungsmangel ohnmächtig über den Pulten lagen oder nach 48 stündigem Fasten beim Aufsagen der Lektionen zusammenbrachen, leidenschaftliche Erregung ausgelöst hatten.

Durch solche Begebnisse ist die ablehnende Haltung des Präsidenten und des Generalsekretärs der Charity Organization Society in New York gegenüber der Schulspeisung zugunsten einer Familienunterstützung, die sie in absehbarer Zeit nicht zu gewähren vermögen, mehr als gerichtet.

Frankreich. Die bahnbrechende Schulspeisung der französischen Hauptstadt und die gesetzliche Regelung der Schulspeisung in England sind in meiner Broschüre „Schule und Brot" so eingehend behandelt, daß ich im wesentlichen darauf verweisen muß[1]. Hier sei der Blick namentlich dem Vormarsch beider Länder auf dem Gebiet der allgemeinen Jugendfürsorge zugewendet; seine Würdigung ist erforderlich, um die französischen und englischen Maßnahmen für Schulspeisung im richtigen Lichte zu sehen.

Die Entwicklung des französischen Kinderschutzes durchklingen drei Leitmotive: die beiden ersten, rechtlicher Natur, betreffen die Stellung des unehelichen Kindes und das französische Armenrecht; das dritte, volkswirtschaftlicher Prägung, ergibt sich aus der Bevölkerungsfrage.

In völligem Widerspruch mit unserem deutschen Rechtsempfinden nimmt der code Napoléon der unehelichen Mutter und ihrem Kinde jeden klagbaren Rechtsanspruch auf die väterliche Unterstützung: la recherche de la paternité est interdite. Ferner versagt das französische Armenrecht die Verwendung von Gemeindesteuern. Die Leistungen der bureaux de bienfaisance müssen sich nach den vorhandenen freiwillig und durch Staatsbeiträge beschafften Mitteln richten.

Raubt so das Gesetz dem unehelichen Kinde jeden Anspruch an seinen Vater, sichert die Armenpflege weder ihm noch der Waise den notwendigen Unterhalt, so tritt dagegen der Staat, die „Assistance Publique" in

---

[1] Siehe Teil 3: Die Pariser Schulkantinen; Teil 4: Die Unterernährung in England und die Vorschläge zu ihrer Bekämpfung; Teil 6: Die gesetzliche Regelung der Schulspeisung in England.

einem Maße für beide ein, wie kaum in einem anderen Lande. Seit dem letzten Dezennium des vergangenen Jahrhunderts ward die staatliche Fürsorge auch auf die dem Buchstaben nach nicht verwaisten Kinder ausgedehnt. Das Gesetz vom 24. Juli 1889 brachte späte, aber umfassende Bestimmungen zum Schutz der verwahrlosten und mißhandelten Kinder: „ces orphelins dont les parents sont vivants" (Jules Simon). Desgleichen das Gesetz vom 11. April 1898 über die Verhinderung von Grausamkeiten und Roheitsakten gegen Kinder und von Kindern begangen.

Der letzte große Schritt ward mit den Kinderschutzgesetzen vom 27. und 28. Juni 1904 getan[1]; sie sind eine Zusammenfassung und zugleich eine zeitgemäße Fortbildung des gesamten „Service des Enfants assistés", d. h. der körperlichen und erziehlichen Obsorge für arme, für verwahrloste, mißhandelte und sittlich gefährdete Kinder. In seinem Kommentar von 1908 nennt André das Gesetz vom 27. Juni 1904 den Schutzbrief der Kinder. Es habe erreicht, was die Ausführungsbestimmungen vom 15. Juli 1904 als seinen eigentlichen Zweck kennzeichneten: der Kinderfürsorge „die Schnelligkeit, die zwingende Kraft und die untrennliche Einheit einer gut funktionierenden Gesetzgebung zu verleihen[2]."

Diese Gesetzgebung erstreckt sich auf alle Minderjährigen bis zu 21 Jahren. Sie umfaßt im wesentlichen die häusliche Unterstützung bedürftiger Mütter (enfants secourus); die vorläufige Unterbringung von Kindern kranker oder in Haft befindlicher Eltern (enfants en dépôt); die von den Gerichten in Familien- oder Anstaltspflege überwiesenen Kinder und schließlich die eigentlichen Schützlinge oder Mündel der öffentlichen Hilfe (pupilles de l'assistance): die armen Waisen, Findelkinder und verlassenen Kinder, ferner die Kinder, deren Eltern wegen Mißhandlung, körperlicher oder sittlicher Vernachlässigung ihrer Sprößlinge der Elternrechte verlustig erklärt wurden[3].

Schon vor dem Erlaß dieser letzten Gesetze hat Reicher gegenüber England, Deutschland und Österreich, wo die Armenkinderpflege Sache der Gemeinde sei und je nach Gebieten gänzlich verschieden gehandhabt werde, die Einheitlichkeit der französischen Organisation gerühmt und sie nach der technischen Seite als das musterhafte Vorbild einer geregelten Armenkinderpflege bezeichnet[4].

„Die bedeutendsten Bemühungen um Verbesserungen der Kinderfürsorge", sagt auch Münsterberg, „gehen gegenwärtig von Frankreich aus, das geradezu das klassische Land der Kinderfürsorge genannt werden kann[5]."

---

[1] Service des Enfants Assistés. Texte des Lois des 27 et 28 juin 1904. Accompagné des Circulaires relatives à leur Application, Paris.

[2] André, L'Assistance Publique. Commentaire, Paris 1908.

[3] Service des Enfants Assistés, a. a. O., vgl. auch Münsterberg, Die Weltwirtschaft, Berlin 1900, S. 337 ff.

[4] Reicher, Die Fürsorge für die verwahrloste Jugend. Erster Teil, S. 5. Wien 1904.

[5] Münsterberg, Weltwirtschaft, a. a. O.

Unter solchen Umständen kann man sich gegenüber der Pariser Schulspeisung nicht mehr darauf berufen, daß die französische Armenpflege Einrichtungen erforderlich mache, die in Deutschland entbehrlich oder weniger bringlich seien. Vielmehr spricht der Geist einer vorbildlichen Kinderfürsorge auch aus den seit 1867 staatlich geregelten und unterstützten Schulpflegevereinen, den sogenannten „caisses des écoles"[1], die in Verbindung mit der Stadtverwaltung die berühmte Pariser Schulspeisung organisiert haben. Für die in 20 Stadtteilen errichteten Schulkantinen hat Paris im Jahre 1907 die Summe von 1 020 000 Fr. aufgewendet[1]. Auch kleinere Städte, wie Lille und Roubaix, verausgabten rund 217 000 (inklusive Kleidung und Schuhwerk) und 107 700 Fr. für ihre Schulkantinen[2].

Nun spricht allerdings in Frankreich das dritte obenerwähnte Motiv seiner Jugendfürsorge: die drohende Entvölkerung, wesentlich mit. Indes die Zeit, wo unter malthusianischen Gesichtspunkten vor der öffentlichen Jugendfürsorge gewarnt werden konnte, ist auch bei uns vorüber. Auch wir stehen, wenngleich absolut die Bevölkerung noch immer stark wächst, doch vor der Tendenz der Geburtenabnahme, die sich seit über 30 Jahren in einem erheblichen und regelmäßigen Sinken der Geburtenhäufigkeit bekundet, um mehr als die Hälfte in Berlin, um mehr als ein Drittel in Barmen, Stuttgart und München[3].

Auf der Konferenz der Zentralstelle für Volkswohlfahrt in Darmstadt hat Gruber betont, daß u. a. die ungewollte Abnahme der Fruchtbarkeit und namentlich ihre rasch um sich greifende willkürliche Einschränkung zu ernster Sorge um die Zukunft unseres Volkes Veranlassung gebe. Wie in Frankreich und England, so auch in Deutschland behauptet die Geburtenziffer ihre Höhe nur in den untersten Volksschichten. So stehen wir vor der Doppelgefahr eines gleichzeitigen Sinkens der Volkszahl und der Volksqualität[4].

In Frankreich war im Jahre 1906 die Säuglingssterblichkeit bereits auf 15 % gefallen, während sie bei uns damals noch 34 % betrug; erst in den letzten Jahren gelang es vielfältigen Bestrebungen, sie etwas herabzudrücken[5].

Ebensowenig wie bei der Eindämmung der Säuglingssterblichkeit, dürfen wir uns bei der Bekämpfung der Schülernahrungsnot von Frankreich überflügeln lassen. Wir müssen vielmehr in der großzügigen Behandlung der Pariser Schulspeisung eine ernste Mahnung sehen, die sich angesichts der allgemeinen französischen Jugendfürsorge nicht schlechthin als ein fremdes Bodengewächs abweisen läßt.

England. Noch stärker fällt das Vorgehen einer Nation ins Gewicht, deren Recht dem unseren verwandt ist. England ist, nachdem in

---

[1] Schule und Brot, a. a. O., S. 35 ff.
[2] Luise Kautsky, Schulspeisung. Die Gleichheit, Nr. 11 ff., 18. Jahrg. 1908.
[3] Mayet, Konzeptionsbeschränkung u. Staat. Med. Reform., Nr. 18, Jahrg. 16.
[4] Vgl. Helene Simon, Godwin & Mary Wallstonecraft, Kapitel: Bevölkerungsfrage. München 1909.
[5] Münsterberg, Weltwirtschaft, a. a. O.

den letzten Jahren staatliche Untersuchungen über körperliche Entartung weitverbreitete Schäden im Kindesleben bloßlegten, mit großer Energie zu ihrer Beseitigung geschritten. Noch vor dem Erscheinen der Mehrheit- und Minderheitberichte der Kommission für das Armenwesen, die übereinstimmend Reform auch der gesamten armenpflegerischen Jugendfürsorge fordern, war das „Kindergesetz" von 1908 ergangen: eine Kodifikation und Erweiterung der Säuglingspflege, des Schutzes vor Grausamkeit und vor Verwahrlosung und der Behandlung jugendlicher Übeltäter[1]. Im Unterschied vom französischen Gesetz reicht seine Vollmacht nur bis zum 16. Jahre. Trotzdem erscheint der „Children Act" im allgemeinen als ein noch umfassenderes Kulturwerk; jedenfalls bietet er uns, aus den erwähnten Gründen nationaler Verwandtschaft, noch bedeutsamere Anregungen. In unmittelbarer Beziehung zur Schulspeisung stehen seine Bestimmungen über die Day Industrial Schools, Tagesschulen für Elementar- und gewerblichen Unterricht, denen vagabundierende und unbehütete Kinder bei unpünktlichem Schulbesuch auf Antrag der Schulbehörde, der Eltern oder ihrer gesetzlichen Vertreter überwiesen werden können. Im Jahre 1900 gab es in England und Schottland 22 Day Industrial Schools mit 3259 Zöglingen. Reicher gibt einen interessanten Bericht über eine 1904 neu eröffnete Tagesschule in London, in der die Kinder von 8 Uhr morgens bis 6 Uhr abends bleiben und drei reichliche und nahrhafte Mahlzeiten erhalten[2]. Wahrscheinlich ist die Zahl der Day Industrial Schools seit 1900 erheblich gewachsen; jedenfalls ist unter dem Kindergesetz ein lebhafter Aufschwung zu erwarten. Bringt es doch die gesellschaftliche Verantwortung für die Jugend, und kraft ihrer, die gegebenenfalls zu erzwingende materielle Haftbarmachung der Eltern, zu neuem Ausdruck und gibt neue Mittel der Durchführung an die Hand.

Betrachtet man das Kindergesetz in Verbindung mit der schon früher erfolgten gesetzlichen Regelung der Schulspeisung und der schulärztlichen Aufsicht, so schließt sich der Kreis, der das aufsichtslose oder bedürftige Schulkind umgibt.

Während indes die Tagesschulen dem Kindergesetz eingegliedert sind, ist die Schulspeisung im Rahmen des normalen Volksschulwesens geregelt. Die Voraussetzung ist hier der unerträgliche Widerspruch von Schulzwang und Nahrungsnot. Das Schulspeisegesetz, Education (Provision of Meals) Act, 1906, soll mit den für sein Verständnis und seine Tragweite sehr wesentlichen Ausführungsbestimmungen: Circular to local Education Authorities, 1907, bewirken, daß die Leistungsfähigkeit der Schüler nicht mehr durch Nahrungsnot gemindert werde[3]. Über das

---

[1] Children Act, 1908 (Edw. 7 Ch 67). An Act to consolidate and amend the Law relating to the Protection of Children and Young Persons, Reformatory and Industrial Schools and Juvenile Offenders and otherwise to amend the Law with respect to Children and Young Persons. Deutsch von Ernst Rosenfeld. Berlin 1909.
[2] Reicher, a. a. O.
[3] Über Entstehung und Inhalt des Schulspeisegesetzes und seiner Ausführungsbestimmungen s. Schule und Brot, a. a. O. Kap. 4, Die Unterernährung in Eng-

Wie, ob durch die Kommunen, ob durch Vereine, ob durch gemeinsames Vorgehen, entscheidet die Schulbehörde. Die Vorkehrungen (Einrichtung von Küchen und Speiseräumen, Beschaffung von Personal, Organisation usw.) kann sie unbegrenzt aus öffentlichen Mitteln treffen. Für die eigentliche Speisung darf ein halber Penny auf die Schulsteuern des Kreises nicht überschritten werden. — Nicht die Form, sondern die grundsätzliche Anerkennung der Schulspeisung als einer Fürsorge „aus unterrichtlichen Gründen" ist hier das Wesentliche. Sie erfolgte erst nach mißglückten Versuchen, die unzulänglichen Speisebemühungen der freien Liebestätigkeit durch die öffentliche Armenpflege zu ergänzen.

Im ganzen scheint das Gesetz in seiner jetzigen Gestalt, in Verbindung mit der seither gesetzlich geregelten Schularztaufsicht, den englischen Verhältnissen zu entsprechen, wenn es auch, wie mir von manchen Seiten gesagt ward, noch sehr der Verbesserung bedarf. Jedenfalls trat es in der kurzen Frist von drei Jahren für mehr als 70 Schulgemeinden in volle Kraft, d. h. es wurden nicht nur die Organisations- und Einrichtungskosten, sondern z. T. auch die Mittel für die Speisung von der Schule getragen.

Interessant ist die Entwicklung in London, dessen ungeheure Ausdehnung jeder sozialen Fürsorge schier unüberwindliche Schwierigkeiten entgegenstellt. Zunächst wurde hier nur eine Neuorganisation der Schulspeisung angestrebt, die der Grafschaftsrat im Juli 1907 übernahm. Die Schulbehörde ernannte eine Unterkommission für unterernährte Kinder. Diese verwandelte die früheren Unterstützungskommissionen in: Childrens Care Committees für die einzelnen Schulen, aus amtlichen Organen und freiwilligen Kräften, wie sie das Schulspeisegesetz unter der Bezeichnung Schulkantinenkommissionen vorsieht. Desgleichen wurden Gelder für die Speisevorkehrungen von Fall zu Fall bewilligt. Die eigentliche Speisung sollte dagegen wie bisher möglichst aus Privatmitteln bestritten werden. Trotz wiederholten, von namhaften Persönlichkeiten unterzeichneten Zeitungsaufrufen, liefen indes die Beiträge nicht entfernt in der als notwendig erkannten Höhe ein. Im Januar 1909 trat deshalb das Schulspeisegesetz auch in London in volle Kraft. Im März wurden für das Schuljahr 1909/10 allein für das Rohmaterial der Speisen 30000 £ eingesetzt. In der ersten Märzwoche betrug die Zahl der an durchschnittlich 4,7 Tagen wöchentlich gespeisten Kinder in 682 Schulen: 54813. Seither hat die Speisekommission auf vier Jahre einen Kontrakt mit einer großen Speisegesellschaft abgeschlossen; diese hat die Mahlzeiten nach gewissen Speisezentren zu liefern, wo die Kinder aus verschiedenen Schulen gesammelt und unter bezahlter Aufsicht beköstigt werden[1].

Gleichzeitig sollen die durch freiwillige Helfer zu verstärkenden Kinderschutzkommissionen die häuslichen Verhältnisse der bedürftigen Schüler prüfen und die Eltern durch Mahnung und Unterweisung zur Pflicht-

---

land und die Vorschläge zu ihrer Bekämpfung und Kap. 6, Die gesetzliche Regelung der Schulspeisung.

[1] Vgl. Berlin, S. 33 ff.

erfüllung sowohl betreffs der Speisung, als auch in jeder andern Hinsicht anhalten. So wird mittels der Schulpflege auch für die Hauspflege eine neue feste Grundlage angestrebt[1]. Noch handelt es sich in der Riesenstadt mit ihrem zerstreuten Massenelend um Versuche zur Lösung des Problems, mit dem die freie Liebestätigkeit bis zum Jahre 1907, zuletzt mit einem Gesamtaufwand von jährlich rund 10 000 ℒ, vergeblich, und zum Teil in recht ungeeigneter Weise, gerungen hatte.

Auch in anderen Großstädten, so in Manchester, ist das Stadium der Versuche noch nicht ganz überwunden. Dagegen hat die Schulbehörde des kleineren, aber stark industriellen Bradford die Aufgabe im Rahmen der gegebenen Verhältnisse fast völlig, und wie es scheint, in jedem Sinne zufriedenstellend gelöst. Eine neue Zentralkochanstalt liefert die Speisen in Automobilwagen an die innerhalb der Schulen eingerichteten zwölf Speisehallen. Bis zu 2000 Kinder erhalten täglich eine nach ärztlichen Anordnungen zusammengesetzte Mittagmahlzeit, teils unentgeltlich, teils, (soweit als möglich), entgeltlich. Es scheint, daß dem Bradforder System der Zentralküche, als dem ökonomischsten und zweckmäßigsten, die Zukunft gehören wird[2].

So hat das Schulspeisegesetz in den zwei Jahren seiner Geltung Eingriffe nach ganz neuen Grundsätzen ausgelöst; namentlich hat es auch dahin gewirkt, daß, obwohl nach Zahl und Art mehr geschieht, doch weit weniger **unterschiedslos** (indiscriminate) gegeben wird.

Schottland. Das Schulspeisegesetz gilt nur für England und Wales. Schottland ist seine eigenen Wege gegangen und hat in einem neuen Schulgesetz: „Education (Scotland) Act, 1908," (8. Edw. 7. Ch. 63) die Schulspeisung selbständig geregelt. § 3 erweitert die Befugnisse der örtlichen Schulbehörde dahin, daß sie allein oder in Verbindung mit anderen Schulbehörden innerhalb ihres Bezirks alle Einrichtungen für die Speisung aus Schulmitteln treffen kann. Auch das Rohmaterial der Speisen (darin geht Schottland über das englische Gesetz hinaus) ist nach § 6 ohne weiteres von der Schulbehörde zu bestreiten, wenn Eltern infolge von Armut oder Krankheit unfähig sind, ihre Kinder angemessen zu ernähren und freiwillige Mittel nicht zur Stelle sind. „Alsdann **soll** die Schulbehörde aus dem Schulfonds die Fürsorge treffen, die sie für nötig hält, und für solange, als das Kind die Schule besuchen muß, ohne daß solche Unterstützung den Eltern irgendwelche Rechte nimmt oder als Armenunterstützung gilt. Im Falle der elterlichen Vernachlässigung ist die gerichtliche Verfolgung anzustrengen."

Die Schweiz. Auch in der Schweiz[3], und zwar früher als in England, hat sich der Staat der Schulspeisung in gewissen Grenzen angenommen. Schon Cuno verwies, wie wir sahen, im Jahre 1896[4]

---

[1] Vgl. Margaret Frere, Children's Care Committees, London 1909.
[2] Näheres über Bradford s. Schule und Brot, S. 88 ff.
[3] Das im folgenden angezogene Material über die Schulspeisung der Schweiz verdanke ich Herrn Dr. Zollinger in Zürich.
[4] Cuno, a. a. O. Vgl. auch S. 12 dieser Schrift.

auf die Schweizer Einrichtungen, namentlich zur Versorgung der Landkinder, und betonte, daß viele Kantone den Schulbehörden die Speisung armer Schüler zur Pflicht machten.

Nach Erhebungen des eidgenössischen statistischen Bureaus wurden 1894 von 475 000 Primarschülern 35 000 oder 7 bis 8% gespeist. 23 000 oder 5% hatten einen Schulweg von mehr als einer halben Stunde; die übrigen waren in traurigen Ernährungsverhältnissen. Von kundiger Seite ward damals erklärt, daß die Zahl von 30—40 000 unterstützter Schüler das vorhandene Bedürfnis längst nicht erschöpfe[1], daß 50 000 oder 10% der Schüler wenigstens einer täglichen Schulmahlzeit bringend bedürften.

Seither nahm sich die Bundesgesetzgebung der Schulspeisung an. Das „Bundesgesetz betreffend die Unterstützung der öffentlichen Primarschule", vom 25. Juni 1903, begreift unter die vom Bundesrat zu subventionierenden kantonalen Pflichten auch „die Nachhilfe bei Ernährung und Bekleidung armer Schulkinder". (Art. 2 Ziff. 8.)

Art. 21 der Vollziehungsordnung vom 17. Januar 1906 besagt hierzu:

„Wenn von Gemeinden oder Korporationen, mit oder ohne Zuschuß seitens des Kantons, Ausgaben für die Ernährung und Bekleidung armer Schulkinder der Primarschulstufe gemacht werden, so kann aus dem Bundesbeitrag zur Förderung dieser Bestrebungen finanzielle Nachhilfe eintreten. Subventionsberechtigt sind namentlich die Ausgaben zum Zwecke allgemeiner Fürsorge für Nahrung und Kleidung, sodann besondere Veranstaltungen wie Ferienkolonien, Kurkolonien, Ferienmilchkuren usw."

Des weiteren heißt es in der „Verordnung betreffend die Leistungen des Staates für das Volksschulwesen", vom 31. Juli 1906, VI. Unterstützung dürftiger und anormaler Schulkinder und Fürsorge für Nahrung und Kleidung: § 66:

„Zu den Ausgaben, die der Schulkasse aus der Fürsorge für Nahrung und Kleidung armer Schulkinder erwachsen, werden vom Regierungsrate Staatsbeiträge verabreicht. Die Höhe der Beiträge richtet sich nach den Leistungen und den ökonomischen Verhältnissen der Gemeinde bezw. des Kreises."

Sie betragen wenigstens 10% und höchstens 40% der Gemeindeausgaben. (§ 67.) Dieser Unterstützung steht nur die Pflicht der Rechnungsablage gegenüber.

Mit sieben Ausnahmen geben alle Kantone für Schülerspeisung und Bekleidung entweder einen bestimmten Jahresbeitrag oder sie tragen einen alljährlich neu zu bestimmenden Prozentsatz der Gemeindeunkosten. Die Beiträge bewegen sich zwischen 116 Fr. (auf 7004 Fr. Gemeindeausgaben) in Nidwalden, bis auf den Höchstbetrag von 83 000 Fr. oder 23,5% der Bundessubvention (80 Rp. auf den Primarschüler) in Bern, der seit 1904 gemäß Beschluß des großen Rates den Gemeinden übergeben wird.

„Die Letzteren sind verpflichtet, diesen Betrag in erster Linie für Ernährung und Bekleidung armer Primarschüler zu verwenden und zwar ohne Be-

---

[1] Vgl. Dr. Erismann, Ernährung und Kleidung dürftiger Schulkinder. Jahrbuch der Schweiz. Gesellschaft für Schulgesundheitspflege, 9. Jahrg. 1908.

schränkung der gegenwärtig für diesen Zweck verwendeten Gemeinde=
mittel [1]."

In Solothurn beträgt der Staatsbeitrag 12 000, in Baselland rund
6000 Fr. In Zürich und Luzern werden Staatsbeiträge schon seit 1894
und 1897 gegeben. In Luzern stiegen sie von rund 3000 Fr. in 1902/03
auf 9000 Fr. in 1906/07. In Betracht kamen 56 Gemeinden, deren
Eigenauslagen von 33065 Fr. in 1903/04 auf 56455 Fr. im Jahre
1907/08 anwuchsen. Die Staatsbeiträge für den Kanton Zürich stiegen
von 5360 Fr. für 23 Schulen in 1902/03 auf 10 900 Fr. für 42 Schulen
in 1907/08. Davon kamen auf die Stadt Zürich 7030 Fr. Im Winter
1907/08 betrugen die Auslagen der 42 Schulgemeinden rund 77 824 Fr.
gegen 66 506 im Vorjahre [2].

Eine von Erismann im Jahre 1908 gemachte Erhebung in 19 Städten
zeigt eine Zunahme der gespeisten Kinder seit 1895, von 40 auf 400 bis
600 in Genf, von 1770 und 684 auf über 3000 und 3300 in Basel=
Stadt und Zürich. In Zürich wird seit zwei Jahren neben der Mittag=
suppe auch Frühstück verteilt; die Zahl der Teilnehmer stieg bald von
146 auf 716. Auch die Zahl verteilter Portionen nahm, ausgenommen
in Genf, überall, zum Teil sehr erheblich zu. In Luzern, wo statt der
Suppe meist Milch und Brot gegeben wird, stieg der Milchkonsum von
23 022 l in 1903/04 auf 42 743 l in 1907/08, die Gesamtausgabe von
4655 auf 10 498 Fr.; davon städtische Gelder 2000 bzw. 5024 Fr.

In Zürich wurden 1894 nur 9253, in 1907/08 dagegen 241 081
Suppenportionen verteilt, dazu seit 1902/03 noch Zulagen von Wurst
oder Käse. Die Gesamtausgabe wuchs von 26 101 Fr. im Jahre 1903/04
auf 48 367 Fr. in 1907/08; davon städtisch 24 212 bzw. 41 110 Fr., seit
1908 noch 6636 Fr. für Frühstück.

Der Gesamtbeitrag von 1907/08 setzt sich zusammen aus:

städtische Auslage . . . 41 107 Fr.
Staatsbeitrag . . . . 7030 „
freiwillige Beiträge . . 227 „

Die Reinausgaben haben in Zürich seit 1899/1900 um das zehn=
bis elffache zugenommen. Das Anschwellen der Kosten der Speisung pro
Kind von 6,84 Fr. auf 14,60 Fr. erklärt Erismann teils durch die Ein=
führung der Wurst= oder Käsezulage, teils durch die Erhöhung der Arbeit=
löhne und Lebensmittelpreise.

Die Verwaltung der Suppenküchen liegt meist gemeinnützigen Vereinen
oder besonderen Komitees ob. Bern gibt Barmittel an die einzelnen
Schulen. In Biel sind die Suppenküchen in städtischer Regie. Neuen=
burg hat eine städtisch unterhaltene Suppenküche in einer Schule. In
Zürich besteht je nach Stadtteilen ein gemischtes System: teils städtische,
teils karitative Speisung.

---

[1] Erismann, a. a. O.
[2] Aus dem Protokoll des Regierungsrates 1908.

In den meisten Städten ist die Speisung unentgeltlich. In Luzern zahlen 25 bis 33 % der Kinder, in Frauenfeld 75 %, in Lausanne 19 % und zwar interessanterweise nach einem abgestuften Tarif 5, 10, 15 und 20 Rp. Etwa 66 % zahlen 5, 22 % 10, 2 bis 3 % 15 und 1 % 20 Rp. In Freiburg wird die Suppe nur ausnahmsweise unentgeltlich gegeben.

Den Ausführungen Erismanns über die Speisequalität sei noch folgendes entnommen:

„Für diese Kinder ist das Mittagessen, das sie in der Schule erhalten, noch in viel höherem Grade die Hauptmahlzeit, als das sonst wohl der Fall ist. Weder das Frühstück noch das Abendessen solcher Kinder pflegt so reichlich zu sein, daß diese Mahlzeiten zusammen eine gute halbe Tagesration oder noch mehr ausmachen. —

Abgesehen von dem Nährgehalt der Suppe, ist es wichtig, daß diese dem Geschmacke derer, denen sie vorgesetzt wird, entspreche und daß sie nicht durch Einförmigkeit Unlust errege, sondern eine gewisse Abwechslung zeige. Ist dies nicht der Fall, so kann die beste und gehaltreichste Speisenkombination auf die Dauer langweilig werden und den Konsumenten widerstehen." —

Hieraus wird sich meist die zuweilen getadelte Unbescheidenheit und Undankbarkeit gespeister Schüler erklären; wer den Ursachen auf den Grund geht, wird finden, daß auch die Bedürftigkeit allgemeine und zwingende physiologische Erscheinungen nicht aufhebt. Daß schlecht gewöhnten Kindern trotz tatsächlicher Not einfache gute Kost zunächst oft nicht schmeckt oder von ihnen nicht vertragen wird, haben auch die englischen Untersuchungen gezeigt [1].

Das Beachtenswerte in der Schweiz ist die staatliche Anerkennung einer Schulspeisepflicht. Der staatlichen Förderung und Unterstützung ist wohl wesentlich die ausgedehnte ländliche Schulspeisung zu danken.

Charakteristisch ist die organisierte unentgeltliche Verteilung von Kleidern, Mützen und namentlich Schuhen, die mit den weiten und vielfach beschwerlichen Schulwegen zusammenhängt. Trotzdem schreibt auch Erismann der Bekleidung eine geringere Bedeutung zu, als der Speisung. Für alle weiteren Einzelheiten muß auf die Schrift des verdienstvollen Sozialpolitikers verwiesen werden. Wohl dürfe, schließt er, aus dem vorliegenden Vergleichsmaterial auf eine erfreuliche Entwicklung dieser Schweizer Fürsorge im letzten Jahrzehnt geschlossen werden. Immerhin bleibe noch viel zu tun, wenn man alle Kinder, die es nötig hätten, in die Fürsorge einbeziehen wolle. „Namentlich werden die Kantonregierungen sich sagen müssen, daß es ihre Pflicht ist, auf dem beschrittenen Wege weiter zu gehen und daß es kaum eine bessere Verwendung für die eidgen. Schulsubvention gibt, als die Mithilfe an der Ernährung und Bekleidung bedürftiger Schüler, weil ihnen nur auf diesem Wege die Wohltaten einer richtigen Schulbildung voll und ganz zu teil werden können."

Einzelnes aus anderen Staaten. In Österreich, Italien und Skandinavien ist die Schulspeisung ziemlich ver-

---

[1] Siehe hierzu Schule und Brot, S. 55.

breitet; namentlich in den Haupt- und Großstädten trifft man auf eine mehr oder minder großzügige Fürsorge.

Außerordentlich lehrreich ist die Entwicklung in Wien. Seit 20 Jahren lag dort die Verteilung von Mittagbrot dem „Zentralverein zur Beköstigung armer Schulkinder" für ganz Wien ob. Sieben kleinere Vereine suchten nachzuhelfen, wo der Zentralverein versagte[1]. Im letzten Berichtsjahre 1907/08 speiste er an 97 Tagen je 10583 Schüler (gegen 10051 im Vorjahre). Die städtische Unterstützung betrug 100000 K; dazu kamen 43685 K aus Vereinsmitteln. Trotzdem wurden nicht alle bedürftigen Kinder erfaßt. Unzulänglichkeiten jeder Art, minderwertige Speisung, namentlich in entlegenen Stadtteilen, erregten ernste Bedenken.

Was ist die Folge? Die Gemeinde geht an die Eigenregie. In vier neuen Gemeindeschulen sind Speise- und Küchenräume im Souterrain für etwa 100 Kinder vorgesehen. Noch harren die Räume der Einrichtung, noch fehlt der Plan für die Organisation und Bereitung der Speisen und vor dem Winter 1909/10 werden die Schulspeiseküchen kaum eröffnet werden[2].

Allein gibt es nicht zu denken, daß die Stadt Wien, nachdem sie 20 Jahre lang dem reichlich unterstützten Verein die ganze Aufgabe überlassen hatte, nun plant, die Schulspeisung in eigener Verwaltung dem Schulrahmen einzufügen?

Verwandte Züge zeigt die Entwicklung der Schulspeisung in Rom[3]. Auch hier der Übergang von der Vereinstätigkeit, die Ausnutzung gezeitigt hatte, zur teils in eigener Regie, teils unter städtischer Kontrolle gehandhabten Mittagspeisung.

Nach Mitteilungen der Tribuna vom 20. März 1908[4] verausgabte Rom im Berichtsjahre 1907 für Schulspeisung etwa 80000 L, gegen etwa 45000 L in 1906 und 18000 L in den Vorjahren[5]. Im März 1908 stiegen die Auslagen auf rund 145500 L. Die Zahl der teils frei, teils entgeltlich gespeisten Kinder betrug 10541 gegen 10000 vor 1906. Für den Etat des folgenden Jahres wurden 148000 L ausgeworfen und neue Organisationsversuche in Aussicht genommen.

In Mailand begann die Schulspeisung im Jahre 1900. Zunächst wurden hierzu 100000 L an wohltätige Vereine überwiesen. Allein bald fand die Stadt es geeigneter, die Sache selbst zu übernehmen; unter dem

---

[1] S. hierzu Schule und Brot, a. a. O., S. 105 ff. und Fischer, a. a. O.

[2] Siehe Pimmer, Die Schulspeisungen in Wien. Vierteljahrsschrift f. körperl. Erziehung, 4. Jahrg., 4. Heft, S. 249, Wien 1908. — Über Prag siehe Fischer, a. a. O.

[3] Vgl. zu der Organisation in Rom, Simon, Schulspeisung. Zeitschr. f. d. Armenwesen, Heft 6, Jahrg. 8, S. 165.

[4] La refezione scolastica. La Tribuna 20 Marzo 1908.

[5] Die Angabe über die 18000 Lire „in den letzten Jahren" ist dem engl. Kommissionsbericht über das Schulspeisegesetz entnommen. „Report. Education (Provision of Meals) Bill. Appendix No. I," London 1906. — Die Tribuna gibt für diese Zeit einen jährl. Gesamtaufwand von 68000 Lire für Erziehungs-Erholungsanstalten und Speisung an.

Vorsitz des Bürgermeisters trat ein Komitee aus neun Stadträten und drei Assistenten für Einkauf und Küchenverwaltung zusammen. 1906 speiste man etwa 33% von etwa 46000 Schülern unentgeltlich, 17 bis 20% zahlten 9 C (7 2/10 Pf.) für Wurst und Brot, oder 15 C (12 Pf.) für warmes Essen. Zahlungsunfähige Eltern müssen um Freispeisung einkommen; nach Prüfung der Sachlage erfolgt gegebenenfalls die Bewilligung. 1906 betrugen die städtischen Auslagen 300000 L[1].

Einzigartig steht das Experiment der kleinen italienischen Stadt **Vercelli** da: Obligatorische unentgeltliche Schulspeisung. Wie es scheint, weniger aus schulhygienischen Gründen, als im Hinblick auf Entwicklung des Bürgersinns und Überbrückung der Klassengegensätze. Besteht doch die Kost nur aus Brot mit Wurst oder Käse; wird doch die Nichtbeteiligung nur gestattet, sofern ein ärztliches Attest aus Gesundheitsrücksichten eine andere als diese spartanische Ernährung vorschreibt. Die Auslagen betrugen im Jahre 1908 die Summe von 30000 L.

Eine lebhafte Bewegung für Schulspeisung scheint auch in **Skandinavien** im Gange.

In **Dänemark** hat man Vorschläge zu ihrer gesetzlichen Zwangsregelung eingebracht[2], die bis jetzt trotz anfänglich guter Aussichten nicht durchgingen. Daß der gesetzliche Eingriff kein Überfluß wäre, scheint folgender Fall zu erweisen. Für den Dezember 1908 ließ sich eine beliebte Sängerin von einem Kopenhagener Variététheater unter der Bedingung engagieren: daß ihr ganzes Honorar, 100 K pro Abend, dem „Verein für die Speisung armer Bezirksschüler" überwiesen werde. Diesen Entschluß faßte sie im Frühjahr 1908, da ein Schüler sie um Essen bat und weinend erzählte, das Geld des Speisevereins sei ausgegangen, die Speisung finde erst zum Winter wieder statt. Die 3000 K der Sängerin bedeuten 20000 warme Portionen[3]. Wäre dies Begebnis nur eine Erfindung, so ist es doch kennzeichnend für die Sachlage: eine Lebensfrage des Schulerfolgs bleibt dem Zufall überlassen. Sicher macht ihr Entschluß der liebenswürdigen Künstlerin ebensoviel Ehre, als es der Stadt zur Unehre gereicht, wenn sie ihre Schüler hungern läßt.

Günstiger erscheinen die Verhältnisse in der norwegischen Hauptstadt. Schon im Herbst 1897 ward in **Christiania** die Mittagspeisung bedürftiger Schüler, an jedem Schultag vom 15. Oktober bis zum ersten Mai einschließlich der Weihnachtsferien, auf Gemeindekosten verfügt. Für 10 Öere pro Tag werden außerdem Schüler auf elterlichen Wunsch zugelassen. Die Kosten stiegen von 21400 bis über 159000 K. Im Jahre 1907/08 erhielten (von insgesamt 30065 Schülern) 5491 Schüler Mittagskost. 617823 Portionen wurden unentgeltlich, 77514 gegen Entgelt verteilt. Unter ökonomischen Rücksichten hat die Stadt nach dem Bradforder System eine eigene große Küche erbaut; von dort wandern die Mahlzeiten nach den Schulen, die besondere Speiseräume haben.

---

[1] Luise Kautsky, a. a. O., siehe auch Kaup, a. a. O.
[2] Vgl. Simon, Zeitschrift für das Armenwesen, a. a. O.
[3] Berliner Tageblatt, 3. Dez. 1908, Nr. 615.

Dritter Teil. Das Ausland.

An zwei Tagen gibt es Fleischspeise, an vier Tagen Grütze oder Mehlspeise mit Milch. Jedes Kind darf so viel essen, als es kann und mag[1].

In Schweden, sagt ein Bericht des „Zentralbunds für soziale Arbeit in Stockholm" vom 1. Mai 1908[2], scheine das Bedürfnis, die ärmsten Schüler regelmäßig zu speisen, überall anerkannt. Die Art der Befriedigung wechsele; am gebräuchlichsten sei die Mittagspeisung (Suppe, Fleisch und Brot) an drei Tagen wöchentlich, täglich nur für die allerärmsten. An einigen Orten wird Frühstück: Milch, Milchsuppe, Brei und Brot usw. gegeben. Bis zu 20 Kinder werden zuweilen in sogenannten Schulküchen für Kochunterricht gespeist, die sich in den meisten großen Volksküchen befinden; dies störe indes häufig den Hauptzweck; man fange deshalb an, in den größeren und neueren städtischen Schulhäusern Speisesäle und Küchen einzurichten. Die Speisungen erfolgen von Ende November bis Mitte April mit Ausnahme von vier Wochen Weihnachtsferien. Die Feststellung der Bedürftigkeit geschieht in der Regel durch die Schulverwaltung; die Lehrer empfehlen die ärmsten Kinder und der Speiseausschuß oder Vorstand trifft nach Untersuchung der häuslichen Verhältnisse die endgültige Auswahl. Schenkungen oder Kollekten und städtische Gelder decken die Auslagen. Besonders großartig sei die Tätigkeit des von der Stadt mit 75 000 K unterstützten Vereins in Gotenburg. An vielen Orten leisten die Gemeinden keine oder nur unbedeutende Beiträge. Immer aber erfolgt die Speisung unter Mitwirkung der Lehrer und in den Schulen. Nur ausnahmsweise wird ein geringes Entgelt, 5 Oere pro Portion, gefordert. Von Stockholm sagt der Berichterstatter nichts.

Belgien kennt keinen Schulzwang, wohl aber zwingende Schülernahrungsnot. Hatte doch der 1879 gegründete Schulpflegeverein „Le Progrès" schon 1888 festgestellt: „daß die Mehrzahl armer Familien ihre Kinder nicht hinreichend ernähren kann". Viele Schüler erhielten mittags nur ein Butterbrot, weil die Eltern auswärts arbeiten; andere bekamen nur Kartoffeln mit scharfer Sauce. Der Verein unternahm die Schulspeisung, weil er mit Pädagogen und Hygienikern der Ansicht war, daß ein Kind nicht mit Nutzen dem Unterricht folgen könne, wenn die Muskelkräfte die nötige Energieausgabe nicht gestatten. Seit 1893 gab die Stadt eine Unterstützung von 5000 Fr., die 1906 auf 12 000 Fr. gestiegen war. Im letzten Jahresbericht wird der gute Einfluß der Speisung auf den Schulerfolg und die Manieren der Kinder gerühmt[3].

In dem Vorort Saint Gilles zahlt die Gemeinde 20 000 Fr.; in Scharbeck hat sie eine Schulküche in eigener Verwaltung. In Lüttich sind 25 000 Fr. ausgeworfen.

---

[1] Über die Berechtigung dieses Grundsatzes kann man verschiedener Ansicht sein. Wie es im Privathaushalt als eine Frage der Erziehung gilt, ein Kind nicht übermäßig essen zu lassen, sollte es auch für die Schule gelten. Selbst dann noch, wenn es sich um ein Kind handelt, das im übrigen nur dürftig gespeist wird. Es fördert auch gesundheitlich nicht, sich den Magen an einer Mahlzeit zu überladen.

[2] Der Bericht ward mir von der Zentralstelle für Volkswohlfahrt zur Verfügung gestellt.

[3] Vgl. Simon, Zeitschrift f. d. Armenwesen, a. a. O.

Man sieht, bunt wie die Landkarte, ist in den verschiedenen Staaten und Städten die Behandlung einer Frage, die sich ihrer Natur und den gegebenen Schulverhältnissen nach leichter als irgendeine andere, bei entsprechender Bewegungsfreiheit für örtliche und zeitliche Abweichungen, in den Grundzügen einheitlich regeln läßt. Nur in England und Schottland begegneten wir einem solchen Schritt, während die Schweiz sich auf die staatliche Subventionierung der Schulspeisung beschränkt, in Dänemark eine Vorlage zur gesetzlichen Zwangsregelung der Schulspeisung nicht durchging.

Dagegen nehmen sich die Gemeinden namentlich der größeren Städte, in der Schweiz auch auf dem Lande, dieser Fürsorge überall in wachsendem Maße an.

Überblickt man zusammenfassend die Lehren des Auslands, wie sie selbst eine so kursorische Übersicht mit Deutlichkeit ergibt, so zeigt sich zunächst, daß eine Schülernahrungsnot in weitem Umfange international hervorgetreten, daß auch die Bewegung für Schulspeisung eine allgemeine ist. Es zeigt sich ferner, daß die Ursachen der Schülernahrungsnot allüberall verwandter Natur sind, daß vielleicht nur in der Schweiz die weiten und beschwerlichen Schulwege in erster Linie mitsprechen. Wie in Deutschland so auch im Ausland sehen wir fast durchweg die freie Liebestätigkeit sich der hungernden Schüler schlechthin erbarmen und den Weg für eine geklärtere Behandlung mit Hilfe der Schule und Gemeinde vorbereiten. Allmählich folgen städtische Unterstützungen in steigender Höhe oder selbständige städtische Speisungen. Auch die Übernahme bisheriger Vereinstätigkeit durch die Stadt oder wenigstens ihre genaue Kontrolle, entsprechend den gewährten Mitteln, ist eine ganz allgemeine Erscheinung. Namentlich in den Großstädten: London, Paris, Rom, Mailand, Wien, hat die Entwicklung teils die gemeindliche Organisation, teils die städtische Mitarbeit und Kostendeckung erzwungen.

Das erhebliche Anwachsen der gespeisten Schüler und dem entsprechend des Kostenaufwandes, wo immer man mit Energie eingreift, wird vielfach als Mißstand dahin gedeutet, daß die Eltern sich gern ihrer Pflichten entledigen und namentlich die Gemeindespeisung leicht als ein ihnen zustehendes öffentliches Recht betrachten. Aus meinen allgemeinen und besonderen Studien drängt sich mir dagegen unabweislich die Überzeugung auf, daß dieses Anwachsen bedingt ist durch die bisherige ungenügende Erfassung der wirklich bedürftigen Kinder, daß die Städte mit Speiseeinrichtungen im Durchschnitt die Paßhöhe noch nicht erreichten. Dem somit unvermeidlichen Anschwellen der als wirklich bedürftig erkannten Schülerzahl steht indes die Möglichkeit der Ausscheidung einer begrenzten Zahl zu Unrecht gespeister Kinder und namentlich eine allmählich zunehmende Einschränkung der Freispeisung zugunsten der Entgeltlichkeit gegenüber, sofern man zu einer systematischen Organisation gelangt.

Vierter Teil.

Die Beseitigung der Schülernahrungsnot.

Die Prüfung der Sachlage im In= und Ausland ergab eine Schüler=
nahrungsnot, deren Beseitigung bisher, soweit die Hauptstädte in Betracht
kommen, nur in Paris im wesentlichen gelang, in Rom, London, Wien
und Berlin mit neuen Kräften und auf neuen Wegen, im Sinne der
schulpflegerischen Behandlung, angestrebt wird[1]. Stuttgart gebührt der
Ruhm, mit seinem Milchschulfrühstück alle bedürftigen Kinder zu erfassen[2].
Bemerkenswerten organisatorischen Grundsätzen begegneten wir in Charlotten=
burg[3]. Vollkommen gelöst erscheint das Schulspeiseproblem in der eng=
lischen Industriestadt Bradford[4]. Die Organisation, die hier ganz von
der Schulbehörde übernommen ist, übertrifft die Pariser Einrichtungen an
Einheitlichkeit und Wirtschaftlichkeit und in der Berücksichtigung gesundheit=
licher und erziehlicher Prinzipien. Das in der Zentralküche bereitete,
innerhalb der Schulen ausgeteilte Mittagbrot wird nicht als Abfütterung
gehandhabt, sondern gilt als willkommene Gelegenheit systematischer Körper=
pflege, als Gelegenheit auch zur Ausbildung des Anstands, der Sauber=
keit und der Freude an der ästhetischen Darbietung der Mahlzeiten.
Gerade hier, in einer kleineren Stadt mit geklärter und eindringender
Organisation, spricht die Schulbehörde es aus: keine Schwächung
des elterlichen Verantwortungsgefühls sei wahrnehmbar;
jede Woche erbringe vielmehr neue Beweise für den
Wunsch der Eltern, ihre Kinder, wo es möglich ist, selbst
zu versorgen.

Deutschland und England. Wir sahen, daß umfassende Er=
hebungen über Speiseeinrichtungen in der jüngsten Zeit nur für England
aus dem Jahre 1903/04, für Deutschland aus dem Jahre 1907/08, vor=
liegen. In England und Wales erhielten damals aus freiwilligen
Mitteln Speisung rund 130 000 Schüler; die Kosten betrugen 700 000 Mk.

In Deutschland fanden sich in 189 Städten rund 95 000 irgendwie
gespeister Schüler. Die Kosten schätzt Kaup auf 600 000 Mk.; auch wenn

---

[1] Vgl. S. 32 ff., S. 58 und 63.
[2] Vgl. S. 30, 31.
[3] Vgl. S. 35 ff.
[4] Vgl. S. 59.

man die zwölf Städte ohne nähere Angaben und die Kinderhorte einrechne, werde die damalige freiwillige Leistung Englands kaum erreicht. Das fällt um so mehr ins Gewicht, als in den Jahren seit 1904 ein lebhafteres Tempo der deutschen Schulspeisung einsetzte. Hat Deutschland trotzdem den damaligen englischen Stand nicht eingeholt, so ist es heute, nachdem sich die englische Schulspeisung unter Mithilfe der Gemeinden sehr erweitert hat, wahrscheinlich viel stärker im Rückstand.

Dennoch kommt Kaup zu dem Schluß, daß die englischen und schottischen Wege zur Beseitigung der Schülernahrungsnot, daß auch das Beispiel von Paris für Deutschland Beweiskraft nicht hätten.

Warum nicht?

Die elterliche Verantwortung in England und Frankreich. Zunächst erklärt er, England und Frankreich ständen auf dem Standpunkt, daß für die Kinder, die Zukunft der Nation, alle Opfer gebracht werden müßten, „gleichgültig, ob hierdurch die Bande zwischen Eltern und Kindern leiden". — Mit diesem Ausspruch würde er namentlich in England schlecht ankommen. Denn England hat ein ungewöhnlich starkes Empfinden für die Erhaltung des Familienlebens, eine ungewöhnlich starke Abneigung gegen alle Einmischungen in den Einzelhaushalt. Nur unter dem Zwang der Verhältnisse hat es seinen überaus entwickelten Individualismus wie in anderen Richtungen so auch hier eingedämmt. Kaup muß sich bei dem Studium der englischen Blaubücher überzeugt haben, daß der Begriff „elterliche Verantwortung" und die Sorge um ihre Wahrung in England mindestens den gleichen Tiefgang haben als bei uns. Er muß sich überzeugt haben, daß man nur widerwillig und nach Prüfung aller Für und Wider zu dem Ergebnis kam: einmal, daß Wichtigeres auf dem Spiel stehe als die mögliche Beeinträchtigung des elterlichen Pflichtgefühls; namentlich aber: daß die öffentlich geregelte Schulspeisung mit Untersuchungs- und Eingriffsbefugnissen gegenüber den Eltern, mit kälteren und härteren Grundsätzen, das Verantwortungsgefühl, wenn überhaupt, so doch auf alle Fälle ungleich weniger gefährde als die freie Liebestätigkeit.

In diesem Sinne entstand das Schulspeisegesetz für England und Wales, dessen Kompromißgestalt die Sorge um die Wahrung der elterlichen Verantwortung geprägt hat. In diesem Sinne hat dann Schottland sein Schulgesetz erweitert und die Schulbehörde ermächtigt, die Kinder zu speisen und sogar zu bekleiden, hin und zurück zur Schule zu befördern oder gar zu behausen, wo es das Schulinteresse erfordert; immer unter der Voraussetzung, daß, wo Vernachlässigung vorliegt, die Eltern in der schärfsten Weise, gegebenenfalls gerichtlich, zur Verantwortung und zur Kostentragung herangezogen werden. Bei allen gesetzlichen Fürsorgemaßnahmen der letzten Jahre, so namentlich auch im Kindergesetz, gilt ein großer Teil der Bestimmungen gerade der Verschärfung der elterlichen Verantwortung und dem Recht der Gesellschaft, sie zu erzwingen, wo sie versagt.

Allein es ist auch unrichtig, daß dem französischen Gesetzgeber die elterliche Verantwortung gleichgültig sei. Das französische Kindergesetz tut vielmehr alles, um durch Familienunterstützung dem Verlassen der Kinder vorzubeugen und die Familie zu erhalten, gerade weil in Frankreich ihre Bande gelockerter erscheinen als in England und Deutschland. Art. 3 behandelt die sogenannten „Enfants secourus", die Kinder, die ihre Mutter infolge von Armut nicht ernähren, noch erziehen kann. Die Unterstützung des Kindes innerhalb der Familie, sagen die Motive, hat neben den selbstverständlichen moralischen Vorzügen auch den Vorzug, weniger kostspielig zu sein als die öffentliche Unterbringung. Neben materieller Unterstützung sucht man durch Zuspruch und Belehrung den Müttern ihre Pflichten klarzumachen und ans Herz zu legen, das mütterliche Empfinden zu stärken, neu zu beleben, wo es im Kampf mit Not und Verderben Schiffbruch litt. Allein das Gesetz hat recht, wenn es sagt, daß, wo das Interesse des Kindes und damit die Zukunft der Nation auf dem Spiele stehe, dies Interesse das allein ausschlaggebende sei. Diese Erkenntnis setzt sich auch in Deutschland durch, wird sich mehr noch als bisher dem öffentlichen Bewußtsein einprägen müssen.

Wir sahen, welch ungemeine Fortschritte Frankreich und England mit ihren jüngsten Kodifikationsgesetzen auf dem Gebiet des Kinderschutzes gemacht haben. Dennoch hält Kaup daran fest, daß die Verhältnisse bei uns günstiger lägen, die Gefahr bei uns „eine etwas geringere", eine schnelle Entscheidung deshalb weniger notwendig sei.

Die Gefahren der Schülernahrungsnot in Deutschland. Betrachten wir diese Gefahr noch einmal in ihren Hauptzügen. Wir haben nach der Kaup'schen Schätzung, unter Verallgemeinerung seiner Stichproben für die Städte mit über 10 000 Einwohnern, in Deutschland insgesamt im Winter etwa 22 000 oder 0,6 % Schüler, im Sommer 36 008 oder 1 % Schüler, die des Morgens überhaupt kein Frühstück erhalten, völlig nüchtern in der Schule sitzen. Die große Mehrzahl, 80 %, aller deutschen Schüler erhalten als Frühstück nicht Milch oder kräftige Suppen, sondern wertlose, zum Teil direkt schädliche Surrogate. 179 000 oder 4,9 % der Schüler bekommen im Winter mittags nur einen „kärglichen kalten Imbiß", im Sommer beträgt ihre Zahl 113 000 oder 3,1 %. Der weitaus größte Teil dieser Kinder erhält im Winter als Ersatz ein warmes Abendessen; im Sommer erhalten dagegen bis zu 50 000 Kinder überhaupt keine warme Mahlzeit. Im Winter bleiben etwa 15 000, im Sommer etwa 22 000 Schüler ohne Abendessen, gehen hungrig zu Bett.

Bei einem Drittel der Schüler ward ein leidlicher oder schlechter Gesundheitszustand festgestellt. Das wären insgesamt 30 000 Kinder mit schlechter Konstitution, „woran die Ernährungsnot die Hauptschuld tragen dürfte". Die Folgen sind: Zurückbleiben des Wachstums, geringeres Gewicht, verringerte Aufnahmefähigkeit, Anfälligkeit für Krankheiten jeder Art, sind verminderte Militärtauglichkeit, verminderte wirtschaftliche Leistungen und somit **Verminderung der nationalen Kraft** und des nationalen Reichtums. Der Einfluß der Schule geht verloren, und auch der sittliche Charakter leidet Schaden. Wie für die körperlichen Krankheiten, wächst die Anfälligkeit für moralische Defekte, und das Problem des jugendlichen Verbrechertums ist dem der Nahrungsnot nicht unverwandt.

Die Gefahren sind aber noch weit größer, als sie die Kaup'schen Zahlen zum Ausdruck bringen. Denn diese umfassen nur die Schüler in den Städten mit über 10 000 Einwohnern und auch diese nicht erschöpfend[1]. Die kleineren Städte und das Land sind nicht einbegriffen. Erinnert man sich der Heimarbeitberichte, des Schularztberichtes aus Schwabmünchen und anderer Stichproben mehr[2], so kann man nicht zweifeln, daß die Zahl der frühstücklosen Schüler und solcher, die eines warmen Mittagessens entbehren, daß die Zahl der Schüler mit schlechter Konstitution in ihrem ganzen Umfang von der Kaup'schen Statistik nicht erfaßt wird, daß auch der Zuschuß frischer Kräfte, die wir vom Lande erwarten, sich in seiner Höhe nicht behaupten kann, wenn nicht auch dort Abhilfe geschaffen wird.

Kaup macht nun in seinen Schlußbetrachtungen wieder den schon berührten Fehler, für das schlechte häusliche Frühstück nur die elterliche Unkenntnis und die marktschreierische Reklame verantwortlich zu machen, die gute alte Ernährungsgewohnheiten nach wenigen Jahrzehnten nahezu ausgerottet hätten. Er vergißt dabei die Hauptursache: die Verteuerung der Lebenshaltung, die in diese Jahrzehnte fällt, das Steigen der Mieten, der Fleisch-, Milch- und Brotpreise. Dem entspricht zwar in den besseren Arbeiterkreisen eine Lohnerhöhung, in den untersten Armutschichten aber das Nichts. Die zum Teil von den Konsumenten getragene Lohnaufbesserung, die dem Arbeiter in normalen Verhältnissen hilft, erschwert sein Los in den Tagen der Not, erschwert das Los seiner Witwen und Waisen, wenn hier nicht Staat und Kommune den Ausgleich schaffen.

Das Kinderhortsystem und die Schulspeisung. Eng zusammen mit der Verteuerung der Lebenshaltung hängt die ständige Zunahme der weiblichen Erwerbsarbeit seit 1895. Mit einem Mehr von 2 979 105 Berufsarbeiterinnen ist sie geradezu das Ereignis der letzten Berufs- und Gewerbezählung. Die Vermehrung der landwirtschaftlichen und gewerblichen Arbeiterinnen um 1 845 832 und 582 806 hat in diesem Umfang selbst den Sozialpolitiker überrascht.

Diese Tatsache macht es immer wichtiger, mit der Schulspeisung die Beaufsichtigung der Schüler während der Freistunden zu verbinden. Schon im Jahre 1904 verwies der Berliner Stadtschulrat Fischer auf die in dieser Beziehung vorbildlichen Kinderhortverhältnisse in Budapest: 46 „Tagesheime für Schulkinder" sind dort inmitten parkettierter Höfe der zumeist neu erbauten Schulen in Extravillen untergebracht. Kinder von tagsüber beschäftigten Eltern bleiben nach dem Unterricht in einem oder zwei leeren Schulzimmern. Um zwölf Uhr werden sie, erst die Mädchen,

---

[1] Vgl. die Ausführungen S. 38 ff. dieser Schrift.
[2] Vgl. die Ausführungen S. 6, 7 und S. 48 dieser Schrift.

dann die Knaben, in den Speisesaal geführt, wo sie ein nahrhaftes Mittagbrot bekommen und dann in die Schulzimmer zurückkehren; bei schönem Wetter tummeln sie sich im Hofe. „Um 4 Uhr nach Schluß der Unterrichtsstunden verbleiben die Kinder wieder in den Schulzimmern, wo sie entweder unter Aufsicht der diensthabenden Lehrer ihre Aufgaben machen oder spielen. Wenn von 6—7 Uhr abends die langgezogenen Pfiffe die Feierabendstunden in den Fabriken verkünden, werden die Kinder entlassen"[1]. Fischer verweist darauf, daß die Mädchenhorte zum Teil auch hauswirtschaftlichen Unterricht geben, dies aber nur möglich sei, wo die Zöglinge den Hort sofort nach Schulschluß aufsuchen und dort Mittagessen erhalten. Erinnert sei hier ferner an die englischen Day industrial schools[2].

Kaup nimmt die Fischer'sche Anregung wieder auf und macht den beachtenswerten Vorschlag, für die mittägliche Schulspeisung ganz allgemein auf das Hortsystem überzugreifen: man müsse für Kinder, deren Eltern das ganze Jahr außerhäuslich tätig sind, verlangen, daß sie sowohl im Winter und Sommer als auch in den Ferien, zumeist auf Kosten der Eltern, bis zu deren Rückkehr beaufsichtigt und gespeist würden.

Diese Forderung geht gewiß weit genug: es fragt sich nur, wie sich ihre Erfüllung, bezw. die Verallgemeinerung der Horte mit Speisung, in absehbarer Zeit verwirklichen läßt. Die Fischer'sche Tabelle weist 1904 in Deutschland 91 Städte mit 456 Horten auf. Nach Kaup nahm seither nur die Zahl der Pfleglinge etwas zu; 233 Horte mit 13500 Pfleglingen gaben erst nach Schluß des Nachmittagsunterrichts eine Vesper aus Milch oder Kaffee mit Brot, 54 Horte mit 4000 Pfleglingen außerdem oft, 32 mit 2800 Pfleglingen ständig Mittagbrot; 10 Horte mit 450 Pfleglingen gaben Frühstück, Mittagbrot und Vesper. Von den Horten mit Speisung sind 276 mit rund 18000 Pfleglingen von Vereinen, die anderen von Stadtgemeinden, Stiftungen und kirchlichen Organisationen geführt[3].

Schon heute besteht in einzelnen Städten eine teilweise Verschmelzung von Hort- und Schulspeisesystem. Wollte man die Schulspeisung ganz allgemein in die Horte verlegen, so müßten nach Kaups Schätzung die 456 deutschen Kinderhorte mindestens verzehnfacht werden. Das könnte aber für den besagten Zweck nur dann genügen, wenn diese 4560 Horte sämtlich in der Lage wären, wenigstens Mittagkost zu geben. Allein leider fehlt es ihnen hierzu vielfach an den nötigen Mitteln[4]. Ließe sich indes eine entsprechende Vermehrung und Ausgestaltung der Horte in der Art der Budapester Tagesheime in absehbarer Zeit ermöglichen, so wäre das zweifellos eine ideale Lösung der mittäglichen Schulspeisung; ja, es könnte dann ohne große Weiterungen auch das Schulfrühstück dort verteilt werden.

---

[1] Fischer, Tabellarische Übersicht über die deutschen Kinderhorte. Anlage zum Jahresbericht des Vereins Mädchenhort zu Berlin, 1904.
[2] Vgl. hierzu S. 57 dieser Schrift.
[3] Vgl. Kaup, a. a. O, S. 74 ff.
[4] Siehe Fischer, Tabellarische Übersicht, a. a. O.

**Veranschlagung der Kosten eines Ausbaus der Schul=
speisung.** Kaup stellt nun folgende Schätzung im Falle einer Ver=
allgemeinerung der Schulspeisung in ihrer jetzigen Gestalt entsprechend
dem festgestellten Bedürfnis auf: Berechnet man die Kosten eines Milch=
frühstücks auf 7½ Pf., einer warmen Mittagmahlzeit auf 12 Pf., die
Zahl der Schultage auf 250 für Winter und Sommer, und gibt man
allen bedürftigen Schülern erstes und zweites Frühstück und Mittagbrot,
so würden die Gesamtauslagen 8⅓ Millionen Mk., gegen bisher 600 000 Mk.
betragen. Diese Differenz kann durchaus nicht überraschen. Ist doch die
bisherige Schulspeisung völlig unzureichend. Hat sie doch nicht einmal
den nackten Hunger aus der Staatsschule verbannt. Auch würden
8⅓ Millionen nicht hinreichen, wollte man alle bedürftigen Stadt= und
Landkinder mit drei Mahlzeiten versorgen.

Von einer Schulspeisung in diesem Umfang sind wir indes herzlich
weit entfernt. Eine Abschlagzahlung, die jedem bedürftigen Schüler ein
Milchfrühstück und warme Mittagkost sichert, wäre mit hoher Freude zu
begrüßen. Bringt man die Kinder in Abzug, die abends eine warme,
häusliche Mahlzeit erhalten, so läßt sich die Gesamtauslage nach der Kaup=
schen Schätzung mit 4½ Millionen decken. Diese Summe wäre noch
weiter herabzudrücken, wenn man (wie in Berlin), anstatt des zweiten
Milchfrühstücks eine Schrippe gibt. In keinem Falle sollte dagegen von
dem ersten Frühstück vor Unterrichtsbeginn für Kinder, die zu Hause
nichts erhalten haben, abgesehen werden, zugunsten eines allgemeinen
zweiten Frühstücks, wie es Kaup für den ungeteilten Unterricht anregt.
Unterrichtsstunden mit nüchternem Magen sind verlorene Liebesmüh! — Nach
Rubner könnten auch, bei gleichwertiger gesundheitlicher Qualität, die
Portionen noch wesentlich billiger beschafft werden. Diese Ansicht bestätigen
die Auslagen der Walderholungsstätten: 37½ Pf. für fünf Mahlzeiten
pro Kind[1]. Ließe sich somit bei wachsender Sachkenntnis ökonomischer
als heute wirtschaften, zöge man namentlich die Eltern in erweitertem
Maße zum Entgelt heran, so würde die Summe von 8⅓ Millionen für
zwei Mahlzeiten: Milchfrühstück und Mittagkost, auch bei Berücksichtigung
aller bedürftigen Schüler in Stadt und Land wahrscheinlich genügen.

Diese Summe erscheint nicht einmal übermäßig hoch, wenn man be=
denkt, daß sie notwendig ist, um die gewaltigen Gesamtlasten des Volks=
schulwesens allseitig fruchtbar zu machen. Ist sie erst als gut verzinste
Kapitalanlage zur Verwirklichung des Schulzwecks und zur Erhöhung des
Volkswohlstands erkannt, so wird sie sich aus Staats= und Gemeinde=
mitteln, freien Beiträgen und entgeltlichen Portionen unschwer aufbringen
lassen.

**Die elterliche Begehrlichkeit und die öffentliche Schul=
speisung.** Es ist das große Verdienst der Zentralstelle für Volkswohl=
fahrt, Grundlagen für ein systematisches Vorgehen beschafft zu haben.
Man wendet aber gegen die Verallgemeinerung der Schulspeisung nach
den besten Vorbildern ein, daß durch sie die Ansprüche der Eltern stetig

---

[1] Vgl. S. 51.

wachsen werden. Als ob es nicht Mittel und Wege gebe, diesen Ansprüchen, wo sie unberechtigt sind, entgegenzutreten.

Glaubte man aber wirklich, daß die öffentlichen Schulmahlzeiten, außer bei einem Lumpenproletariat, die elterliche Begehrlichkeit reizen, das elterliche Pflichtgefühl erschüttern könnten, so würde das einen Materialismus der Auffassung bekunden, wie er sich schärfer kaum denken läßt. Weil bedürftige Kinder in der Pflichtschule Speisung erhalten, soll in einem gesunden Volke das tief in der Natur der Dinge wurzelnde Familiengefühl, der Eigentumssinn in seiner idealsten Gestalt: mein Kind, mein Recht und meine Pflicht, zerstört werden? Gereizt wird höchstens die Begehrlichkeit jener minderwertigen Elemente, denen gegenüber überhaupt nur Repressivmittel helfen, und deren Kinder sich anzunehmen die Gesellschaft ohnehin alle Ursache hat.

Man hegt aber noch andere Bedenken. „Die meisten Speisungen seien bloße Abfütterungstätten." Um diesem Mangel zu begegnen, Speisung und Aufsicht zu verbinden, wird das Hortsystem vorgeschlagen. Damit wäre erziehlich in jedem Sinne gewonnen. Die Auslagen aber würden noch erheblich steigen. Auch wird uns nicht verraten, wie etwa wir zu der erforderlichen Vermehrung und Umgestaltung der Horte gelangen können. Daß sie sich von Fall zu Fall heranziehen lassen, zeigt unter anderem das Charlottenburger Beispiel. So kann die Hortidee als dankenswerte Anregung gelten; es darf aber von der Möglichkeit ihrer Ausführung die Schulspeisung nicht abhängen.

Die allgemeine Lebenshaltung und die Existenzminima der Armenbehörden. Der Bericht der Zentralstelle verweist darauf, daß die Schülernahrungsnot ein Symptom des ungünstigen Standes der Familienlebenshaltung sei, der die noch nicht schulpflichtige, zum Teil auch die schulentlassene Jugend ebenso gefährde als die Schüler. Der Bericht will deshalb die Existenzminima der Armenbehörden auf eine neue Basis gestellt sehen, die dem für eine ausreichende Ernährung erforderlichen Kalorienbedarf einer Familie entsprechen soll.

In dem ersten allgemeinen Teil dieser Schrift habe ich das Verhältnis der Familienfürsorge zur Schulspeisung behandelt und muß darauf als Beantwortung dieses Vorschlags verweisen[1]. Er läuft mehr oder minder auf eine Lösung der sozialen Frage, mindestens aber auf eine umwälzende Reform des Armenwesens hinaus.

Wie der Familie, wie den noch nicht schulpflichtigen Kindern zu helfen ist, stellt ein Problem für sich dar. Gegenüber dem herrschenden Notstand in öffentlichen Lehranstalten erscheinen solche Vorschläge zu umfassender Abhilfe als Wechsel auf die Zukunft von unbestimmter Einlösungsfrist.

Hat man aber das Recht, die erreichbare Lösung einer Spezialfrage, die uns das öffentliche Schulwesen aufzwingt, hinauszuschieben, zugunsten allgemeiner, in weiter Ferne liegender Ziele? Qui trop embrasse mal étreint. Und noch mehr! Man vergißt, daß die Schulspeisung an sich ein Mittel ist, das Familienexistenzminimum zu

---

[1] Siehe S. 3 ff., Schulspeisung und Familienunterstützung. Siehe auch S. 5, die Armut und S. 14, 15, Armenpflege oder Schulpflege.

erhöhen: kommen doch die Groschen, die sich für die Pflege der Schüler erübrigen, den Geschwistern zugute. Des weiteren gibt die Speisung die Möglichkeit, von der Schule aus zur Familie zu bringen, wie es die Londoner Kinderschutz-Kommissionen bezwecken.

Zu Unrecht beschuldigt Kaup die Engländer unter Verkennung der tieferen Ursachen ein Symptom herauszugreifen. Sie haben sich vielmehr gesagt, daß **hier zunächst eine Pflicht der Schule und ein Recht des Schülers liegt**, daß **hier zunächst ein klarer Weg gewiesen ist**, um manches, das im nicht schulpflichtigen Alter versäumt ward, nachzuholen; lange ehe man zur Lösung schwierigerer Fragen gelangt, von denen die Schulspeisung nur eine Teilfrage ist. Allein eine Teilfrage, dringender als andere, weil es grausam und unwirtschaftlich zugleich ist, staatlicherseits Ansprüche zu stellen, für deren Erfüllung die elementarsten Voraussetzungen fehlen.

Wir haben den Notstand erkannt, ihn dank der Zentralstelle für Volkswohlfahrt und der Kaup'schen Arbeit, wenigstens in den Städten mit über 10 000 Einwohnern, zahlenmäßig und auch in seinen Wirkungen vor Augen.

Um das Wie der Abhilfe bewegt sich jetzt die Frage.

Auf der Konferenz zu Darmstadt hat Rubner Leitsätze über „die Ernährungsverhältnisse der Volksschulkinder" aufgestellt. Darin heißt es:

Die Rubnerschen Leitsätze. 1. Die Erhebungen der Zentralstelle für Volkswohlfahrt haben die bereits bekannten Klagen, daß die Ernährung der Schulkinder in allen Kulturländern, so auch bei uns in Deutschland, besonders in den Städten in Industriebezirken eine mangelhafte ist, vollauf bestätigt.

2. Die bisher durch private Wohltätigkeit und durch Kommunen ins Leben gerufenen Einrichtungen von Schülerspeisungen sind nicht umfassend genug, um die vorhandenen Übelstände zu beseitigen.

3. Die ungenügende Ernährung der Kinder hindert den Erfolg des Schulunterrichts hinsichtlich der Wissensausbildung wie hinsichtlich der ethischen Erziehung; sie schädigt

4. die körperliche Entwicklung der heranreifenden Jugend, mindert die Wehrkraft und bringt gesundheitliche Gefahren dauernder Art.

5. Es liegt ein öffentliches Interesse vor, die Speisungen von Kindern erwerbstätiger Eltern zu fördern. Es empfiehlt sich nicht nur, die schlecht genährten Kinder erwerbstätiger Eltern zu speisen, sondern im Interesse des Kinderschutzes auch diejenigen, die durch Vernachlässigung der Familie heruntergekommen sind. In beiden Fällen sollen die Kosten von den Eltern möglichst eingezogen werden.

6. Die beste Form der Schülerspeisung läßt sich in Kombinaton mit Kinderhorten bewirken, deren Vermehrung aus erziehlichen Gründen nicht nur wünschenswert, sondern in industriereichen Orten absolut erforderlich erscheint.

7. Auch in den Ferienmonaten ist es erwünscht, daß die Schulkinderspeisung ermöglicht wird, soweit nicht andere Wohlfahrtseinrichtungen (Ferienkolonien) Ersatz für die Schülerspeisungsanstalten bieten.

8. Die ernährungstechnische Seite der Schulkinderspeisung sollte durch eingehende Bearbeitung der bisherigen Erfahrungen auf dem Gebiete der Schülerspeisung (Kostordnung, Speiseregeln, Nährwerte, Kontrolle der Kinder durch Wägung usw.) weiter ausgebaut werden.

Diese Leitsätze, die man bedingungslos unterschreiben kann, besagen jedoch nichts darüber, wie die durch „das öffentliche Interesse" erforderte

Schulspeisung dem Bedürfnis angepaßt werden kann, wie die bisherigen Einrichtungen zu vermehren, zu erweitern und auszubauen sind. Sie bestätigen nur den Notstand, skizzieren seine körperlichen und sittlichen Gefahren und bekennen sich zu der Auffassung, daß dem Kinde in jedem Falle, auch wo elterliches Verschulden vorliegt, geholfen werden muß.

Angesichts der festgestellten Gefahr heißt es aber, über bloße Anregungen hinausgehen. Was soll geschehen, um dem unerträglichen Zustand ein Ende zu machen?

Die bisher durch private Wohltätigkeit und Kommunen ins Leben gerufenen Schulspeiseeinrichtungen genügen nicht. Wie gelangen wir zu ihrem Ausbau?

Welche Instanz ist die nächste zum Eingriff? Und wie erreichen wir, daß diese Instanz in der Tat eingreift?

In allen Fällen ist die Schulbehörde, wenn nicht allein, so doch vorwiegend hier beteiligt. Sie hat das nächste Interesse, hat die beste Kenntnis dessen, was nottut. Es muß deshalb erzielt werden, daß die Gemeinden und namentlich ihre Schulbehörden ganz allgemein die Sachlage prüfen und dauernd im Auge behalten[1]. Sie müssen, wo Speiseeinrichtungen fehlen oder nicht genügen, sie schaffen und ausbauen. Sie mögen entweder, wo es geeignet erscheint, die Speisung in eigene Regie nehmen oder die Vereinstätigkeit nach Bedarf unterstützen und dementsprechend überwachen. Die Entscheidung über die Art der Ausführung mag der Gemeinde überlassen bleiben, sofern sie nur Sorge trägt, daß ihre Schüler nicht an Nahrungsnot kranken.

Viele Gemeinden haben aber bisher diese Frage überhaupt nicht beachtet, ja es geradezu abgelehnt, sich damit zu befassen oder auch nur die Vereinstätigkeit zu unterstützen. Die Fürsorge anderer Gemeinden wieder ist quantitativ und qualitativ völlig unzulänglich.

Wie kann Wandel geschaffen werden? Nur durch **verpflichtende staatliche Bestimmungen**. Wenn je, so ist hier der Ruf nach dem Gesetzgeber, der viel angefochtene, berechtigt. Kann man doch die Erfüllung der elementarsten Bedingung des Schulerfolgs vom Zufall privater oder städtischer Entscheidungen nicht abhängig machen.

Nur durch verpflichtende staatliche Bestimmungen wird sich eine wirksame Bekämpfung der Schülernahrungsnot anbahnen lassen, können wir zu einer umfassenden und sinngemäßen Schulspeisung gelangen, die einerseits dem allgemeinen Schulzwang, anderseits dem Ernst des Übelstandes entspricht. Auch kann der Gesetzgeber am wirksamsten den Mißbrauch der öffentlichen Fürsorge durch Schaffung behördlicher Befugnisse, die der Vereinstätigkeit fehlen, verhüten.

Es handelt sich hierbei keineswegs um ein Zwangsgesetz mit starren Normen, sondern zunächst nur um die Festlegung der Verpflichtung für

---

[1] Wir folgen damit dem Gang der Entwicklung. Zu dem überwiegenden Anteil der Schule bei Feststellung der Bedürftigkeit, bei Beaufsichtigung der Speisung, durch Verlegung der Speisung in die Schulen, siehe S. 23, 24 dieser Schrift.

die Gemeinden und ihre Schulbehörden, sich der Ernährung bedürftiger Schüler anzunehmen, und um gewisse unterste Richtlinien und Bestimmungen, in deren Rahmen der Selbstverwaltung völlige Freiheit der Ausführung nach Ortsverhältnissen verbleiben kann.

Die Richtlinien sollen zunächst nur bewirken, daß rückständige oder kurzsichtige Gemeinden und Schulbehörden sich ihren Pflichten in dieser Hinsicht nicht länger entziehen können. Ob die Schulbehörde sich in erster Linie für Frühstück, für Mittagbrot, ob sofort für beides entscheidet; ob für die Zentralküche mit Speisung innerhalb der Schulen oder für das Hortsystem, ob sie selbst die Speisung übernimmt, oder sie der Vereinstätigkeit überläßt, — das alles sind Fragen, die sich vorerst am besten von Fall zu Fall nach örtlichen Bedingungen werden entscheiden lassen. Nur so viel muß der Staat durch seinen Machtspruch herbeiführen: daß die für die Volksschule aufgewendeten Millionen allseitig ihrem Zweck entsprechen, nicht in vielen Fällen zur nutzlosen Qual für den Pflichtschüler werden.

Vielleicht übernimmt es der Deutsche Verein für Armenpflege und Wohltätigkeit eine solche Anregung zu geben, ihr durch seine Autorität ein Echo im Lande zu schaffen. Hat er als erster schon vor länger als einem Jahrzehnt seinen wichtigen Beschluß für die Schulspeisung gefaßt[1], so gilt es heute dies Verdienst zu krönen, gemäß den seither gesammelten Erfahrungen die damaligen Beschlüsse zu erweitern. Wenn gerade dieser Kreis, wie zum Teil schon damals, so jetzt in umfassenderem Maße die Schulspeisung als eine schulpflegerische Aufgabe erkennt, so deckt sich das mit der Forderung eines seiner kenntnisreichsten Vertreter: „Alle Maßregeln allgemeiner Wohlfahrt selbst den allerbesten Einrichtungen der Armenpflege und Wohltätigkeit weit voranzustellen." [2]

Ebenso wie England zu dem Beschluß eines Schulspeisegesetzes kam, Schottland seinem neuen Schulgesetz Bestimmungen über die Schulspeisung einfügte, wie man sich auch in der Schweiz staatlicherseits mit der Schulspeisung befaßt, müssen die übrigen Kulturländer zu verwandten Schritten kommen, wenn sie sich im Wettkampf um die Jugendkultur — dieses höchste Gut! — behaupten wollen.

---

[1] Siehe oben S. 20 ff.
[2] Münsterberg, Moderne Tendenzen der Armenpflege. Deutsche Rundschau, Heft 3, Jahrg. 3, 3. Dez. 1906.

Leitsätze.

1. Durch den Volksschulzwang werden an die Geistes- und Körperkräfte des Kindes staatlicherseits Ansprüche gestellt. Oft ist der Schulbesuch mit weiten Wegen, frühem Verlassen des Elternhauses, Erschwerung der mittäglichen Heimkehr verknüpft. Dem Kräfteverbrauch in der Schule muß die Kräftezufuhr, der Schulpflicht ein Recht auf einen körperlichen Zustand entsprechen, der den Schüler befähigt, dieser Pflicht zu genügen. Ferner bringt die Schulpflicht die Kinder zum erstenmal unmittelbar unter öffentliche Aufsicht und gibt so auch die Möglichkeit, Mißstände abzustellen, die den Schulzweck beeinträchtigen.
2. Als schwerster Mißstand hat sich in allen Kulturländern eine teilweise Schülernahrungsnot ergeben, zu deren Beseitigung der freien Liebestätigkeit die materiellen Mittel und die nötigen Befugnisse fehlen.
3. Es hat sich gezeigt, daß auch in Deutschland weder die freie Liebestätigkeit noch die Gemeinden, trotz mancher anerkennenswerter Bestrebungen, den Hunger, geschweige denn die mangelhafte Ernährung aus der Schule verbannen konnten. In den Städten mit über 10 000 Einw. waren nach den letzten Nachweisen 1907/08 im Sommer mindestens 22 000, im Winter 36 008 Kinder frühstücklos, 179 000 ohne warme Mittagkost; 80 % erhalten ein minderwertiges Frühstück. Über die Ernährung auf dem Lande liegen Einzelberichte vor, die für die Landschulen die gleichen ungünstigen Zustände befürchten lassen.
4. Die Ursachen sind verschiedener Natur. Sie lassen sich aber alle unter drei Rubriken bringen:
   a) unverschuldete elterliche Not,
   b) schuldhaftes Verhalten der Eltern,
   c) äußere Umstände (Erwerbsarbeit der Mutter, weite Schulwege usw.).
5. Die Speisung der Kinder gehört an sich zur Unterhaltspflicht und zum Recht der Eltern. Sie unterscheidet sich hierdurch grundsätzlich vom Unterricht. Eine obligatorische Schulspeisung im Sinne der allgemeinen Schulpflicht kann deshalb nicht in Frage kommen. Eine zwangsweise Heranziehung der Schüler zu außerhäuslichen Mahlzeiten kann nur da eintreten, wo fehlende oder ungeeignete häusliche Speisung den Schulerfolg gefährdet.
6. Alsdann muß die Speisung im Interesse der Schule und als der Schulpflicht entsprechendes Recht verfügt werden können. Und zwar: unentgeltlich, wo Armut oder eine ihrer Erscheinungsformen vor-

liegt; entgeltlich, wo Nachlässigkeit eines Elternteils, oder äußere Umstände die Nahrungsnot des Schülers bedingen. Ein Entgelt für gewährte Speisung ist auch da, wo sie von der Schule verfügt wird, in Anerkennung der elterlichen Unterhaltspflicht, gegebenenfalls zwangsweise einzutreiben. Angesichts des im Referat nachgewiesenen Umfangs der Schülernahrungsnot und den damit verknüpften körperlichen und sittlichen Gefahren erscheint es als die **Pflicht der Gemeinden bezw. ihrer Schulbehörden**, sich der Speisung bedürftiger Schüler anzunehmen.

7. Die wichtigste Mahlzeit im Schulinteresse ist das erste Frühstück. Wo ein häusliches Frühstück fehlt, muß für ein erstes Schulfrühstück zunächst gesorgt werden. An zweiter Stelle ist für warme Mittagkost zu sorgen.

8. Es empfiehlt sich dringend, sich nicht mit der allerdings obersten Notwendigkeit der Speisung zu begnügen, sondern möglichst auch eine Beaufsichtigung der Schüler in den schulfreien Stunden herbeizuführen.

9. Ebensowenig wie dem Zufall **privater**, kann die Beseitigung der Schülernahrungsnot dem Zufall **kommunaler** Entscheidung überlassen bleiben.

Vielmehr sind verpflichtende staatliche Bestimmungen durch Gesetz erforderlich, um der Schulspeisung die als notwendig erkannte Verallgemeinerung und Zulänglichkeit zu sichern.

10. Für diese gesetzliche Regelung empfiehlt es sich, folgende allgemeine Grundlinien zu beachten:
    a) Schulspeisung ist überall da vorzuschreiben, wo sich ein Bedürfnis danach ergibt. Als bedürftig gelten ohne weiteres die Kinder armenunterstützter Eltern und je nach den Umständen von Eltern mit einem nicht steuerpflichtigen Einkommen (unter 900 Mk.);
    b) das Bedürfnis ist periodisch festzustellen und nachzuprüfen;
    c) die Zusammensetzung der Mahlzeiten ist nach physiologischen Grundsätzen festzulegen. Nur um erstes Frühstück und Mittagessen kann es sich vorerst handeln. Das Bedürfnis hat sich als ein nach Zeit und Ort wechselndes gezeigt; es erfordert aber Vorkehrungen für das ganze Schuljahr und für beide Mahlzeiten. Die Speisung der bedürftigen Schüler muß täglich erfolgen;
    d) die Speiseräume müssen innerhalb der Schulen oder in ihrer Nähe gelegen sein;
    e) alle Einzelverfügungen und Entscheidungen über Art, Zeit, Ort und Organisation der Speisung, ob in eigener Verwaltung, ob durch Vereine und Horte, ob innerhalb oder außerhalb der Schulen, verbleiben der Gemeinde oder ihrer Schulverwaltung. Nur wo diese ihren Pflichten nicht oder nicht in geeigneter Weise nachkommen, soll der staatlichen Aufsichtsbehörde ein Eingriffsrecht zustehen.

Anhang.

Anlage 1 zu Seite 18.

Instruktion
für die mit der Beaufsichtigung und Beschäftigung der Schüler über Mittags betrauten Lehrer (Lehrerinnen) an den Volksschulen Münchens.

§ 1. Zur Beaufsichtigung und Beschäftigung derjenigen Schüler, welche den Mittagstisch in den städtischen Suppenanstalten genießen, werden an den einzelnen Schulen geeignete Persönlichkeiten, in der Regel Hilfslehrer und Arbeitslehrerinnen, gegen besondere Vergütung in widerruflicher Weise auf Vorschlag der Lokal-Schulkommission vom Stadtmagistrate aufgestellt.

§ 2. Diese Aufsichtspersonen sind der Leitung und Beaufsichtigung des Oberlehrers der betr. Schule unterstellt, haben den Ordnungen desselben Folge zu leisten und ihm Verhinderungen rechtzeitig zur Anzeige zu bringen, damit er für entsprechenden Ersatz Sorge tragen kann.

§ 3. Die Aufsichtspersonen haben während der schulfreien Zeit zwischen Vor- und Nachmittagsunterricht beständig, an Mittwochen und Samstagen bis nach beendetem Mittagstische der Schüler anwesend zu sein.

§ 4. Sie haben die ihnen anvertrauten Schüler beim Mittagstische entsprechend zu beaufsichtigen, die Suppenabgabe zu überwachen und wahrgenommene Mängel in bezug auf Qualität, Quantität oder Art der Verteilung der Suppe dem Vertreter des Armenpflegschaftsrates, wenn möglich, direkt, außerdem durch Vermittlung des Oberlehrers zur Kenntnis zu bringen. Sodann haben sie außer der Essenszeit die Erholung und Beschäftigung der Schüler in zweckmäßiger Weise zu leiten.

§ 5. Die Aufsichtspersonen haben gesonderte Verzeichnisse:
a) über jene Schüler, welche von der Bezirkspflegekommission zum unentgeltlichen Suppenbezug eingewiesen sind,
b) über jene, welchen die Suppe gegen Bezahlung verabreicht wird, nach den ihnen einzuhändigenden Formularien zu führen und stets vollständig zu erhalten.

§ 6. Zur Erholung dienen bei guter Witterung Spaziergänge ins Freie, Bewegungen und Turnspiele im Schulhofe oder einem anderen geeigneten freien Platze, bei ungünstiger Witterung Spiele, Erzählungen und sonst geeignete Unterhaltungen in einem passenden Lokale.

§ 7. Mit der Erholung sollen zweckmäßige Beschäftigungen abwechseln, und zwar Fertigung der Schulaufgaben und Vorbereitung für den Unterricht in höchstens 1 Stunde, sodann geeignete Handarbeiten verschiedener Art.

Für Knaben Flecht-, Papp-, Ausschneide-, Modellier- und ähnliche Arbeiten, für Mädchen überdies die weiblichen Handarbeiten, wie sie in der Schule gelehrt werden.

Bei den Beschäftigungen und Erholungen ist den sanitären Anforderungen gebührend Rechnung zu tragen.

§ 8. Für die Art und Aufeinanderfolge der Erholungen und Beschäftigungen ist ein vom Oberlehrer genehmigter Wochenplan im Lokale anzuschlagen.

Anlage 2 zu Seite 18.

Direktiven
für die Behandlung der unentgeltlichen Suppenabgabe an arme Schulkinder (aus dem Jahre 1879).

§ 4. Die Bezirkspflege-Kommissionen liefern die von den Kommissionsvorständen gemäß § 3 Abs. 2 gesiegelten und unterzeichneten Suppenkarten an die Herren Verwaltungsräte der betreffenden Suppenanstalten ab und diese händigen dieselben den Herrn Oberlehrern resp. an das mit Beaufsichtigung der Kinder betraute Lehrpersonal behufs Eintragung der Namen in die Verzeichnisse aus.

Das Lehrpersonal bewahrt die Karten sorgfältig auf.

§ 6. In diese vom Lehrpersonal schon nach den bisherigen Anordnungen der zuständigen Behörde zu führenden Verzeichnisse, welche in allen Schulen, wo Suppe verteilt wird, geführt werden müssen, dürfen nur Kinder, welche, sei es provisorisch von der Bezirks-Pflegekommission oder definitiv durch Beschluß des Armenpflegschaftsrates zum Suppengenuß zugelassen sind, eingetragen werden.

Diese Verzeichnisse werden täglich und monatlich vom Lehrpersonale zusammengerechnet und abgeschlossen und vom betreffenden Herrn Oberlehrer am Monatsschlusse nach dessen Gegenzeichnung an die Buchhaltung der Armenpflege abgeliefert.

Anlage 3 zu Seite 22.

I. Fragebogen
betreffend den derzeitigen Stand einer öffentlichen oder privaten Schulkinderspeisung.

Name der Stadt (Gemeinde)?

Einwohnerzahl?

I. Zahl der die Volksschulen besuchenden Kinder (Knaben und Mädchen)?

II. Zahl der Kinder, für die beschafft wird
   a) Frühstück zu Beginn des Unterrichts (Knaben und Mädchen)?
   b) Frühstück in der Pause (10 Uhr) (Knaben und Mädchen)?
   c) Mittagessen (Knaben und Mädchen)?

III. Organisation und Art der einzelnen Speisungen:
   a) Die einzelnen Speisungen bestehen aus Milchfrühstück u. ä. für IIa und b? Suppe, Fleisch, Gemüse u. ä. für IIc?
   b) Ort der Speisungen (innerhalb oder außerhalb der Schule und wo)?
   c) Wer beaufsichtigt die Speisungen?
   d) Dauer der einzelnen Speisungen im Schuljahre?

IV. Wer sind die Träger der Veranstaltungen?
   a) Gemeinde?
   b) Privatvereine (Kinder-Volksküchenvereine, besondere Speisevereine, allgemeine Wohltätigkeitsvereine usw.)?
   c) Eine Verbindung von Gemeinde- und privater Fürsorge?

V. Kosten der Speisungen:
   a) Gesamtkosten bei II und IV a, b und c?
   b) Kosten der Einzelportion bei II und IV a, b und c?
   c) Werden die Eltern zu Beiträgen für Speisungen nach II a, b und c herangezogen und in welcher Höhe?
   d) Zahl der entgeltlich und unentgeltlich verabreichten Portionen?

VI. Wie erfolgt die Feststellung der Bedürftigkeit für II a, b und c?
   a) Durch die Schul- oder Armenverwaltung (Lehrer, Schulärzte, Geistliche, Armenpfleger)?
   b) Durch Privatpersonen (mit Hilfe der Schul- oder Armenverwaltung)?

VII. Ursachen der mangelnden häuslichen Speisung für II a, b und c? Zahl der Fälle, in denen vorliegt
   a) dauernde Armut mit Armenunterstützung?
   b) Tod des Vaters oder der Mutter?
   c) Krankheit des Vaters oder der Mutter?
   d) Arbeitslosigkeit des Vaters oder der Mutter?
   e) Außerhäusliche Erwerbsarbeit der Mutter (früher Arbeitsbeginn und Nichtkochen mittags)?
   f) Faulheit, Trunksucht des Vaters oder der Mutter?
   g) für II a Eile und Appetitlosigkeit der Kinder?
   h) für II c zu große Entfernung der Schule vom Elternhaus?
   i) sonstige Gründe?

VIII. Allgemeine Bemerkungen:
   1. Über Beginn, Wachstum und Erfolg der Speisungen.
   2. Über zweckmäßige Abänderungen und Verbesserungen.

Anlage 4 zu Seite 22.

II. Fragebogen
betreffend die Ernährungsverhältnisse der Schulkinder im allgemeinen*).

Name der Stadt (Gemeinde)?	
Einwohnerzahl?	
I. Zahl der die Volksschulen besuchenden Kinder (Knaben und Mädchen)?	
II. Wie ist der allgemeine Ernährungszustand der Schulkinder (Knaben und Mädchen) beschaffen? Wieviel sind auf Grund ärztlicher Untersuchung a) gut, b) leiblich, c) schlecht genährt?	
III. Art des häuslichen Frühstücks? Wieviel Schulkinder (Knaben und Mädchen) erhalten Winter und Sommer a) Milch? b) Kaffee? c) Kakao? d) Tee? e) Suppe? f) alkoholische Getränke? g) Brot ohne Getränk? h) sonstiges? i) kein Frühstück? In wieviel Fällen beruhen die Ursachen von i auf α) Unmöglichkeit einer Frühstückaufnahme aus Übereilung (zu früher Schulbeginn) und Nervosität? β) Nachlässigkeit der Mutter? γ) außerhäuslicher Arbeit der Mutter (zu früher Beginn der Arbeit)? δ) gewerblicher Arbeit der Schulkinder (trotz gesetzlichen Verbots)? ε) Armut, Arbeitslosigkeit und Krankheit der Eltern?	

IV. Art des Schulfrühstücks (Hauptpause)?
Wieviel Schüler (Knaben und Mädchen, Winter und Sommer)
   a) bringen mit oder kaufen ein Schulfrühstück?
   b) erhalten ein Schulfrühstück durch öffentliche oder private Fürsorge?
   c) müssen eines Schulfrühstücks entbehren und aus welchen Gründen?

V. Art des Mittagessens?
Wieviel Schüler (Knaben und Mädchen, Winter und Sommer) erhalten
   a) ein warmes Mittagessen in der elterlichen Wohnung, bestehend aus?
   b) ein kaltes Mittagessen (als erweitertes Frühstück, da abends regelmäßig ein warmes Abendessen in der elterlichen Wohnung), bestehend aus?
   c) ein warmes oder kaltes Mittagessen von den Eltern außer Hause?
   d) ein warmes Mittagessen bei Privatpersonen?
   e) ein warmes Mittagessen durch öffentliche oder private Speiseveranstaltungen, Kinderhorte usw.?
   f) In welchem Maße werden mittags alkoholische Getränke genossen?
In wieviel Fällen sind die Ursachen gelegen:
   g) von V b in außerhäuslicher Tätigkeit der Mutter (kurze Pause, Unmöglichkeit des Kochens oder Bequemlichkeit)?
   h) für V d und e in
      α) dauernder Armut (Armenunterstützung)?
      β) vorübergehender Armut (Arbeitslosigkeit)?
      γ) Krankheit der Eltern?
      δ) Witwentum einschließlich Eheverlassenheit?
      ε) außerhäuslicher Tätigkeit der Mutter?

VI. Art des Abendessens?
Wieviel Schüler (Knaben und Mädchen, Winter und Sommer) erhalten
a) ein warmes Abendessen (neben einem regulären Mittagessen), bestehend aus?
b) ein kaltes Abendessen (neben einem regulären Mittagessen), bestehend aus?
c) ein warmes Abendessen als Ersatz des kalten Mittagessens und wie spät?
d) kein Abendessen?
e) In welchem Maße werden abends alkoholische Getränke genossen?

VII. Verursacht ungenügende Nahrungszufuhr für das einzelne Kind und, wenn bei einer größeren Schülergruppe vorhanden, für die Gesamtheit der Schüler einer Klasse eine Beeinträchtigung des Unterrichtserfolges?

VIII. In welchem Maße unterscheiden sich die nicht hinreichend oder unzweckmäßig ernährten Schulkinder in Körperlänge und -gewicht von den normal ernährten und entwickelten Schulkindern?

IX. Welche Einrichtungen sind getroffen, um alle Volksschüler nach dem Muster der Wiesbadener Schularztordnung hinsichtlich der körperlichen Entwicklung und des Ernährungszustandes (Wägungen und Messungen) zweimal im Jahre untersuchen zu lassen?

X. In welchem Umfange ist durch Anstellung von Schulärzten eine richtige Kontrolle und Prüfung der körperlichen Entwicklung und des Ernährungszustandes aller Schulkinder gewährleistet?

Anlage 5 zu Seite 30.

Bestimmungen
für die Frühstücksabgabe in den Volksschulen zu Stuttgart.

§ 1. Die Stadtgemeinde läßt an bestimmten Abgabestellen den eine Volksschule des Gesamtgemeindebezirks besuchenden Kindern warmes Frühstück gegen Bezahlung oder unentgeltlich verabreichen.

§ 2. An der Frühstücksabgabe können nur diejenigen Kinder teilnehmen, welche auf Grund einer Anmeldung von der eingesetzten Kommission zugelassen worden sind.

Zulassung zum unentgeltlichen Genuß des Frühstücks wird nur im Falle vorliegender Bedürftigkeit gewährt.

§ 3. Die Anmeldung erfolgt seitens der Eltern oder Pflegeeltern des Kindes mittels Ausfertigung eines dem Klassenlehrer zu übergebenden Fragebogens, welcher eine Erklärung darüber enthält, ob die Frühstücksabgabe gegen Bezahlung oder unentgeltlich gewünscht wird, letzterenfalls auch wie die Einkommensverhältnisse sind, und wie groß die Zahl der zu unterhaltenden Kinder unter 16 Jahren ist. Wenn die geforderte Auskunft über das Einkommen nicht gegeben wird, ist eine Berücksichtigung nicht zu erwarten.

Behufs der Anmeldung wird vom Klassenlehrer ohne Verlangen jedem Kind in verschlossenem Kuvert ein Fragebogen, dem zugleich ein Umschlag für die verschlossene Rücksendung beiliegt, eingehändigt.

Der Klassenlehrer übergibt die bei ihm einlaufenden Anmeldungen je mit einer Bemerkung über die Gesundheitsverhältnisse des Kindes und die Geschwisterzahl (wenn nicht schon von den Eltern usw. angegeben) durch Vermittlung des Oberlehrers der Schulpflege, welche die Entscheidung der Kommission über die Zulassung herbeiführt.

Sofern die Verhältnisse der Eltern oder Pflegeeltern des Kindes an der Hand der eigenen Angaben nicht genügend beurteilt zu werden vermögen, kann sich die Kommission nähere Auskunft durch die Armenpfleger, welche in diesem Falle nicht als Organe der Armenbehörde, sondern als Erkundigungsbeamte der Schulpflege funktionieren, verschaffen. Die Erkundigungsbeamten werden mit der nötigen Rücksicht zu Werke gehen und insbesondere Nachfragen bei den Gesuchstellern selbst und ihren Arbeitgebern unterlassen.

Von erfolgten Zurückweisungen durch die Kommission werden die Gesuchsteller von der Schulpflege schriftlich benachrichtigt.

§ 4. Die Zulassungen zur (entgeltlichen oder unentgeltlichen) Frühstücksabgabe haben für die vom Gemeinderat bestimmte Zeit Gültigkeit. Während des Laufs derselben beschränken sich die Zulassungen auf zahlende und solche die Abgabe unentgeltlich wünschende Kinder, welche von auswärts zuziehen. Nur in ganz besonderen Fällen kann auch anderen Kindern die unentgeltliche Teilnahme an der Abgabe unter der Zeit gestattet werden.

Zulassungen unter der Zeit treten je mit dem ersten Schultag der nächsten Woche in Kraft.

§ 5. Die zur Abgabe zugelassenen Kinder erhalten Gutscheine in Heftchen à 6 Stück, von denen je einer zur Inanspruchnahme eines Frühstücks berechtigt.

Die Einhändigung der Gutscheine geschieht jeden Samstag Vormittag für die kommende Woche und zwar für die unentgeltliche Frühstücksabgabe durch den Klassenlehrer, für bezahltes Frühstück in der Regel durch den Hausmeister (Schuldiener) und, wo ein solcher nicht angestellt ist, ebenfalls durch den Klassenlehrer.

Die für das bezahlte Frühstück im voraus für eine Woche zu leistende Vergütung ist zur Zeit auf 45 Pfg. pro Heftchen festgesetzt.

Die Gutscheine dürfen nur in derjenigen Frühstücksabgabestelle, welche für die von dem betreffenden Kind besuchte Schule errichtet ist, sowie bloß von demjenigen Kind verwendet werden, welchem sie vom Klassenlehrer oder Hausmeister eingehändigt worden sind; an einem Tag mehr als einen Gutschein zu verwenden, ist nicht gestattet.

§ 6. Die erforderlichen Gutscheinheftchen werden dem Klassenlehrer bzw. Hausmeister für einen Monat am ersten desselben von der Schulpflege gegen Bescheinigung zugestellt.

Über die Verwendung (Austeilung der Gutscheinheftchen ist Buch zu führen in der Weise, daß in das dem Klassenlehrer bzw. Hausmeister von der Schulpflege eingehändigte Verzeichnis der zur Frühstücksabgabe zugelassenen Kinder hinter den Namen der einzelnen Kinder jeweils das Datum der erfolgten Abgabe eines Gutscheinheftchens in den dafür vorgesehenen Spalten eingetragen wird.

Bezüglich der zu bezahlenden Gutscheine ist mit der Schulpflege am ersten Werktag jeden Monats abzurechnen.

Die Gutscheine für unentgeltliches Frühstück tragen als einziges Unterscheidungsmerkmal einen fetten Strich unter der ersten Druckzeile. Das Merkmal soll als solches den Kindern verborgen bleiben.

§ 7. Von dem Ausscheiden eines Kindes aus dem Schulkomplex (infolge Umzugs, Wegzugs oder Todesfalls) werden die Oberlehrer der Schulpflege alsbald Mitteilung machen, event. unter Angabe des von dem Kind nunmehr besuchten anderen Komplexes in Groß-Stuttgart.

Bei Todesfall oder Wegzug aus Groß-Stuttgart sind die noch unbenützten Gutscheine an diejenige Person (Klassenlehrer oder Hausmeister), welche die Austeilung der betreffenden Art von Gutscheinen (bezahlte oder unentgeltliche) besorgt, zurückzugeben. Für die bezahlten Gutscheine wird in diesen Fällen die entrichtete Vergütung zurückerstattet. Der zurückerstattete Betrag ist vom Klassenlehrer bzw. Hausmeister unter Angabe des Datums im Verzeichnis der zugelassenen Kinder beim Namen des betreffenden Schülers zu vermerken.

Alle zurückgegebenen Gutscheine sind monatlich an die Schulpflege abzuliefern.

§ 8. Die Bestellung des täglichen Bedarfs an Milch und Brot für die einzelnen Abgabestellen erfolgt durch die Schulpflege jeden Samstag für die kommende Woche nach der Zahl der für die Frühstücksabgabe angemeldeten und zugelassenen Kinder.

Sofern andere Umstände als die für das ganze Jahr zum voraus bekannten Feier- und sonstigen schulfreien Tage (z. B. außerordentliche Vakanzen infolge von Konferenzen usw., Massenerkrankungen von Kindern usw.) eine Verminderung oder einen gänzlichen Ausfall des Tagesbedarfs verursachen, werden sie von den Oberlehrern oder von den Klassenlehrern durch Vermittlung der Oberlehrer so zeitig der Schulpflege mitgeteilt, daß sie bei der Bedarfsbestellung berücksichtigt bzw. den Lieferanten als Abänderung der schon erfolgten Bestellung rechtzeitig angezeigt werden können. Die Hausmeister (Schuldiener) haben gegebenenfalls die Lehrer auf die Notwendigkeit einer Mitteilung aufmerksam zu machen.

§ 9. Die Milch- und Brotlieferungen, welche frühestens 1 Stunde vor Schulbeginn erfolgen dürfen und spätestens ³/₄ Stunden vor demselben eingetroffen sein müssen, hat der Angestellte der Frühstücksabgabestelle zu kontrollieren und zu übernehmen.

Mit jeder Lieferung muß dem Angestellten eine die gelieferte Quantität, den Lieferungstag und den Lieferanten bezeichnende Urkunde (Schein) eingehändigt werden, welche er zu sammeln und je am 15. und am letzten Tag eines Monats an die Schulpflege einzusenden hat.

Anderseits muß der Angestellte dem Überbringer für jede Lieferung eine mit Datum versehene Empfangsbescheinigung einhändigen.

§ 10. Die Kannen und Körbe, in welchen die Zulieferung der Milch und der Brote erfolgt, bleiben über die Zeit der Frühstücksabgabe in den Abgabestellen stehen. Daselbst ist für die Milch ein Aufbewahrungsort zu wählen, an welchem ein rasches Abkühlen derselben so viel als möglich verhindert wird.

Beim nachherigen Abholen der Kannen und Körbe sind die übrig gebliebenen Quantitäten an Milch und Brot, nachdem sie gemeinsam mit der abholenden Person festgestellt (gemessen bzw. abgezählt) wurden, dieser gegen Empfangsbescheinigung auf der nach § 9 übergebenen Lieferungsurkunde zurückzugeben. Gleichzeitig muß dem Abholenden ein Schein über das ihm Zurückgegebene ausgestellt werden.

§ 11. Anstände jeder Art, welche sich bezüglich der Milch- und Brotlieferungen ergeben, sind von dem Angestellten der Abgabestelle behufs ihrer Hebung jeweils der Schulpflege anzuzeigen. Nur sofern bei Annahme der Lieferungen Mängel sich geltend machen, deren sofortige Beseitigung erforderlich ist (z. B. Weniger- oder Zuviel-Lieferung, Nichteinhaltung der äußersten Ablieferungszeit, ungenügende Erwärmung der Milch usw.), so ist ungesäumt auf dem kürzesten Wege (wenn möglich telephonisch) bei dem betreffenden Lieferanten selbst zu reklamieren. Unnötige Auseinandersetzungen mit dem Personal der Lieferanten sind zu unterlassen.

Von den direkt angebrachten Reklamationen ist der Schulpflege so bald als möglich Kenntnis zu geben.

§ 12. Soweit die für die Frühstücksabgabe nötigen Einrichtungen im Abgabelokal wegen noch anderweitiger Benützung desselben nicht belassen werden können, hat der Angestellte der Abgabestelle täglich das Herrichten des Lokals (Aufschlagen oder Aufstellen der Tische und Bänke usw.), sowie die Beseitigung der Einrichtungen nach Beendigung des Abgabegeschäfts zu besorgen.

§ 13. Die Abgabe des Frühstücks findet während $^{1}/_{2}$ Stunde vor Beginn des Vormittagsunterrichts[1] statt.

Jedes Kind erhält gegen Abgabe eines Gutscheins $^{1}/_{4}$ Liter Milch und 1 Brot (in Weckenform).

Die Milch wird zum Zweck der Verabreichung aus den Kannen in einen Milchbehälter gegossen, woraus mittels eines geeichten Flüssigkeitsmaßes ($^{1}/_{4}$ Liter) die bestimmte Portion in die Trinktassen einzufüllen ist. Dabei darf (der Warmhaltung der Milch wegen) den Kannen immer nur dasjenige Quantum Milch entnommen werden, welches angesichts der anwesenden Zahl von Kindern für die unmittelbare Verabreichung als nötig erscheint.

Die Tassen müssen stets frisch gespült sein.

Die verwendeten Gutscheine hat der Angestellte der Abgabestelle zu sammeln, für jeden Tag in ein besonderes Kuvert, auf welchem Stückzahl und Datum angegeben werden muß, zu bringen und je am 15. und am letzten Tag eines Monats an die Schulpflege abzuliefern.

§ 14. Von dem Angestellten der Abgabestelle sind täglich nach Beendigung des Abgabegeschäfts sämtliche bei der Milchabgabe verwendeten Geräte (Tassen, Milchbehälter, Schöpfer usw.) in heißem Wasser zu spülen und hernach mit frischem kaltem Wasser abzuflößen, sowie das benützte Mobiliar und Lokal gehörig zu reinigen.

Überhaupt hat sich der Angestellte bei Erfüllung aller seiner Aufgaben der größten Reinlichkeit zu befleißigen.

§ 15. Die Aufbewahrung der Geräte hat in der für jede Abgabestelle besonders angewiesenen Art zu geschehen.

§ 16. Die Kinder dürfen sich in dem Abgabelokal nur so lange aufhalten, als dies zur Einnahme des Frühstücks erforderlich ist. Sie haben sich während des Aufenthalts im Abgabelokal in jeder Beziehung geordnet, insbesondere ruhig zu verhalten und den Anordnungen der Aufsichtsperson unweigerlich zu fügen.

---

[1] Der Vormittagsunterricht beginnt: vom Schuljahranfang bis zur Vakanz morgens 7 Uhr, nach der Vakanz bis 15. November morgens 8 Uhr, vom 16. November bis 14. Februar morgens 8$^{1}/_{2}$ Uhr, vom 15. Februar bis Schuljahrschluß morgens 8 Uhr.

Kinder, welche sich bei der Frühstücksabgabe ungebührlich benehmen, können durch die Kommission von der Teilnahme auf kürzere oder längere Zeit ausgeschlossen werden.

§ 17. Sind Lehrer bei der Frühstücksabgabe anwesend, so führen diese in erster Linie die Aufsicht. Im übrigen liegt dem Hausmeister der Schule die Aufsichtsführung ob und er muß, wenn er nicht schon als Angestellter der Abgabestelle anwesend zu sein hat, sich jeden Tag zur Aufrechterhaltung der Ordnung während der Frühstücksabgabe im Abgabelokal einfinden. Wo für einen Schulkomplex mehrere Abgabestellen eingerichtet sind, hat der Hausmeister, sofern er nicht selbst eine Abgabestelle bedient und infolgedessen an diese gebunden ist, abwechslungsweise in der einen und andern Abgabestelle zur Aufsichtsführung anwesend zu sein.

Ist weder ein Lehrer noch ein Hausmeister bei der Frühstücksabgabe anwesend, so ist es Obliegenheit des Angestellten der Abgabestelle selbst, für Ordnung zu sorgen.

Fälle von Ungebührlichkeiten und Mißbräuchen, welche ein Einschreiten der Kommission notwendig erscheinen lassen, sind von der sie wahrnehmenden Aufsichtsperson der Schulpflege anzuzeigen.

Städtische Schulpflege Stuttgart.

Verzeichnis
der Frühstücks-Abgabestellen nach dem Stand auf 1. Oktober 1907.

Nr.	Schule	Abgabestelle	Angestellte Person (Abgeber)
1.	Jakobschule, Katharinenstraße 14 B und Jakobstraße 11 und 13.	Im Schulgebäude, Zeichensaal No. 11, Erdgeschoß.	Retter, Hausmeister der Jakobschule.
2.	Johannesschule, Johannesstraße 6 u. 8.	Im Schulgebäude, Zimmer neben dem Hauseingang (ehemalige Polizeiinspektorswohnung).	Birker, Hausmeister der Johannesschule.

(usw.; insgesamt 25 Abgabestellen.)

Anlage 6a zu Seite 37.

Gemeindeschule ....
  Klasse ....   Charlottenburg, den .... 190 ....

Antrag auf Aufnahme in die Schulspeisung.

Lfd. Nr. ....
1. Vor- und Zuname des Kindes: ....
2. Geburtstag: ....
3. Beruf und Vorname des Vaters resp. der Mutter: ....
4. Wohnung (genaue Lage): ....
5. Ist das Kind a) krank? ....
       b) schlecht ernährt? ....
6. Geistige Entwickelung: ....

7. Wird zur Speisung vorgeschlagen, weil ....

Gesehen ....
   Rektor.   Lehrer.

Beschluß vom ....
Ist aufzunehmen und zahlt ....

Aufgenommen den ....

....

Lfd. Nr. ....
Diese Mitteilung bleibt bei der Stammliste.

Mitteilung

an Gemeindeschule .... Klasse ....
D.... Schüler .... erhält vom .... ab bis auf weiteres warmes Mittagessen. Wir bitten, das Kind anzuweisen, sich täglich zwischen .... und .... Uhr .... =Str. Nr. .... einzufinden. Die beiliegende Ausweiskarte bitten wir ihm auszuhändigen.

Charlottenburg, den .... 190 ....
     Verein Jugendheim.

Anlage 6b zu Seite 37.
Ergebnis der Erkundigung (betr. Schulspeisung).

Name: ....

Wohnung: ....

1. Lebt a) der Vater.............. b) die Mutter? ....
2. Leben die Ehegatten zusammen? .... Falls nicht, wie liegen die Verhältnisse? ....
3. Beruf und Vorname a) des Vaters ....
   b) der Mutter ....
4. Wöchentlicher Arbeitsverdienst a) des Vaters .... ℳ
   b) der Mutter .... ℳ
5. Arbeitet die Mutter vormittags außerhalb des Hauses? ....
   ob regelmäßig? .... (vormittags von .... bis .... Uhr)
6. Zahl <u>aller</u> im Haushalt befindlichen Kinder:

   | | Name | Geburtstag |
   a) noch nicht schulpflichtig

   Schule:

   b) schulpflichtig

   c) erwachsen

   Tätigkeit u. Verdienst:

7. a) Betrag der monatlichen Miete .... ℳ
   b) abvermietet? .... für monatlich .... ℳ
8. Erhält die Familie Armenunterstützung, Pflegegeld oder Invaliden= pp. Renten? .... wieviel? .... ℳ

   | Name | Schule |
9. Werden Geschwister des Kindes gespeist?

10. Werden Geschwister des Kindes zur Speisung vorgeschlagen?

11. Warum erhalten die Kinder zu Hause kein warmes Mittagessen?
    ....
12. Erhalten die Kinder abends warmes Essen? ....
    wenn nicht regelmäßig, wie oft? ....
13. Sind die Eltern a) in der L a g e einen Beitrag zu zahlen? ....
    ....
    wieviel? ....
    b) b e r e i t einen Beitrag zu zahlen? ....
    wieviel? ....
14. Welche Vorschläge macht der Erkundende wegen Aufnahme oder Abweisung und wie begründet er sie? ....
    ....

(Unterschrift des Vertrauensmannes) .... (Datum) ....

Aufgenommen:

Name	Schule	Lfd. Nr.	Zahlt	Datum

Anlage 6c zu Seite 37.

Verein Jugendheim.

Name: ....

Wohnung: ....

Gemeindeschule: .... Klasse: ....

Ausweiskarte Nr. ....

für tägliches Mittagbrot ....

.... Straße Nr. .... zwischen .... und .... Uhr

für die Zeit vom .... bis .... 19......

Diese Karte ist jedesmal vorzuzeigen.

Es sind täglich zu entrichten .... Pf.

Rückseite.

Altenburg.
Pierersche Hofbuchdruckerei
Stephan Geibel & Co.

Printed by Libri Plureos GmbH
in Hamburg, Germany